Beiser

Wildfrüchte –
Ein kulinarisches Abenteuer

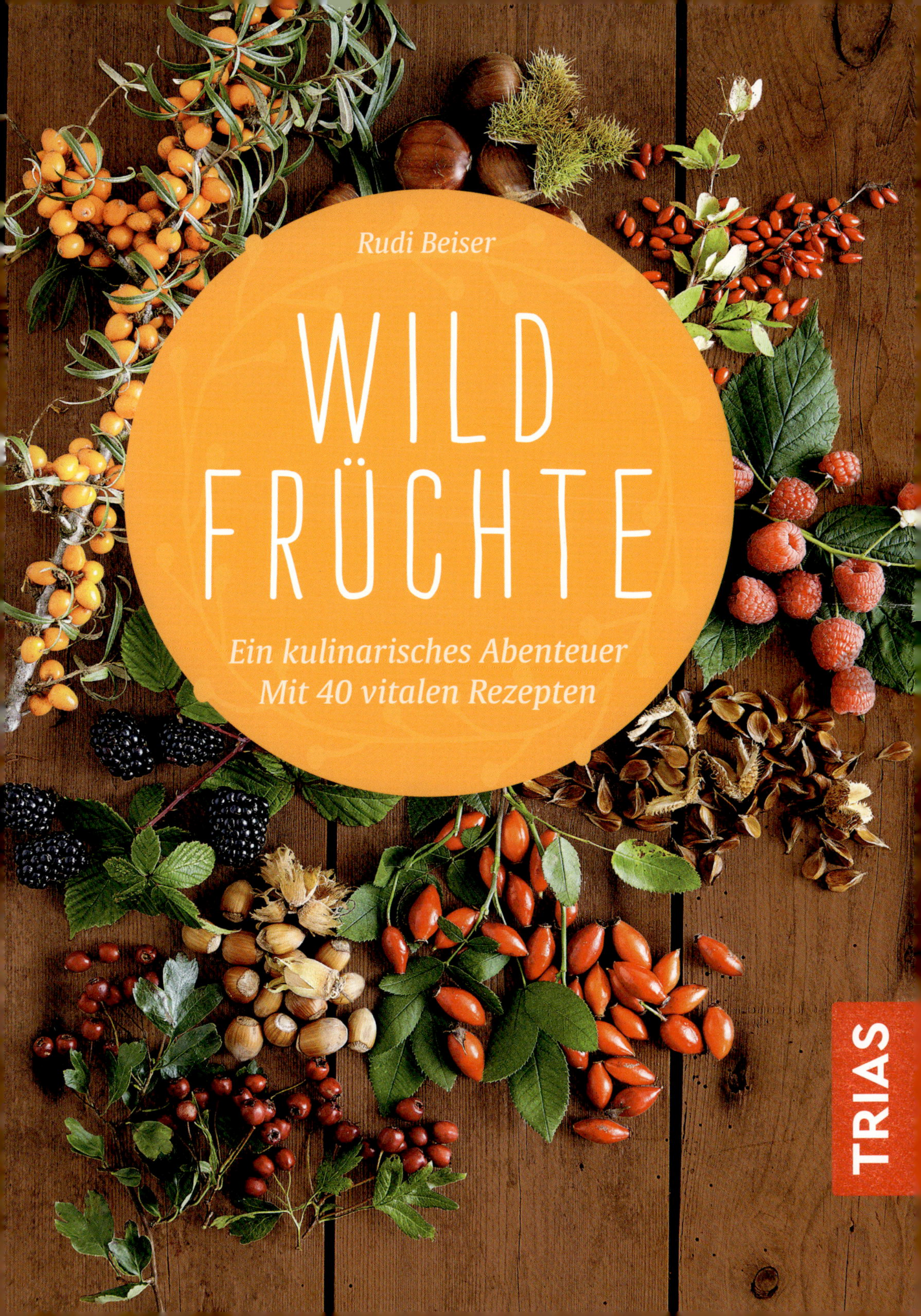
Rudi Beiser
WILD FRÜCHTE
Ein kulinarisches Abenteuer
Mit 40 vitalen Rezepten
TRIAS

Inhalt

»Die Bäume und Sträucher unserer Heimat bieten uns zum Nulltarif eine Bereicherung unseres Speiseplans. Mit ihren Blättern, Blüten und Früchten können wir raffinierte Rezepte ausprobieren. Die leckeren Wildfrüchte verbinden zudem Genuss mit Gesundheit, denn in den wilden Pflanzen stecken unglaubliche Heilkräfte.«

Tauchen Sie ein in das »wilde Leben«!

Gehen Sie mit mir auf Entdeckungsreise in die »wilde« Natur, die uns kostenlos wunderbare Genüsse und Heilmittel zu Verfügung stellt. Die heimische Pflanzenwelt ist voll von essbaren Wildpflanzen, die uns ganzjährig mit schmackhaften Blüten, Blättern und Früchten versorgen.

Nachdem ich Ihnen in meinem Buch »Wildkräuter – von der Wiese auf den Teller« die besten essbaren Pflanzen der Wiesen und Wegränder vorgestellt habe, möchte ich Ihnen nun die wilde Nahrung der Bäume und Sträucher nahebringen. Mithilfe dieses Buches werden Sie auf Ihren Spaziergängen durch Wald und Flur so manche kulinarische Köstlichkeit entdecken. Vor allem die wilden Beeren und Früchte sind eine spannende Ergänzung des üblichen Obstangebotes. Wir sollten diese Geschenke der Natur annehmen.

Wenn Sie sich auf das »wilde Abenteuer« einlassen, wird Ihr Blick auf die heimische Pflanzenwelt sich verändern. Es öffnen sich neue Welten: Die wilden Bäume und Sträucher schenken uns Nahrung mit einer Fülle von Mineralien, Vitaminen und Spurenelementen. In ihren Blättern, Blüten und Früchten lagern unzählige Heilstoffe, die eine Apotheke füllen könnten. Und als Extrabonus sind die Bäume und Sträucher Nahrung für unsere Seele. Denn auf unseren Sammeltouren und Spaziergängen werden wir Teil der Natur und lassen dabei den Alltag zurück. Wir erholen und entspannen uns und uns geht das Herz auf. Wissenschaftliche Studien belegen: Ein kurzer Spaziergang im Wald erhöht unsere Abwehrkräfte und senkt signifikant den Blutdruck und die Werte des Stresshormons Cortisol. Und damit nicht genug: Das Sammeln, Verarbeiten und Konservieren der wilden Früchte und Beeren vermittelt Lebensqualität, Zufriedenheit und ein Gefühl von Unabhängigkeit.

Vielleicht haben Sie sich bisher noch nicht intensiv mit dem Sammeln wilder Pflanzen beschäftigt; viele Pflanzen sind Ihnen möglicherweise unbekannt. Sie sind unsicher,

ob nun tatsächlich Schlehenfrüchte in ihrem Sammelkörbchen liegen oder vielleicht doch ein giftiger »Verwechsler«? Mit diesem Buch in Händen können Sie beruhigt loslegen, denn es hält für Sie ein paar Besonderheiten bereit, die Ihnen den Start ins «wilde Leben« erleichtern werden:

Jede der porträtierten 20 Wildpflanzen können Sie mithilfe des **»Sicherheits-Checks«** und mithilfe der Fotos eindeutig und sicher bestimmen. Es werden nur Bäume und Sträucher vorgestellt, die keine gefährlichen Verwechslungspflanzen haben.

Im **»Gesundheits-Check«** erfahren Sie, welche gesundheitsfördernden Inhaltstoffe in den Blättern, Blüten und Früchten der Bäume und Sträucher enthalten sind. Die wilden Nahrungspflanzen versorgen uns mit zahlreichen bioaktiven Substanzen, die unser Abwehrsystem stärken und unseren Körper schützen. Entdecken Sie die wilden Kraftpakete mit dem Extrakick für Ihre Gesundheit!

Außerdem finden Sie in den **Pflanzenporträts** viele Zubereitungsideen und **Rezepte**, die einfach nachzukochen sind und die die außergewöhnlichen Aromen der wilden Früchte gut zur Geltung bringen. Hätten Sie es für möglich gehalten, dass sich aus Schlehen und Kornelkirschen ein Olivenersatz herstellen lässt und dass die jungen Blätter der Buche nach Sauerampfer schmecken?

Ich wünsche Ihnen viel Spaß beim Entdecken und Sammeln der Wildpflanzen sowie ein genussvolles Ausprobieren der Rezepte.

Ihr Rudi Beiser

WILD UND VOLLER POWER

Bäume und Sträucher sind voller kulinarischer Überraschungen. Lernen Sie die besten und schmackhaftesten davon kennen. Sie bereichern Ihren Speiseplan mit neuen Geschmacksnuancen und sind zudem supergesund!

Gutes aus Wald und Flur

Die Wälder und Hecken halten kostbare Schätze bereit, die es zu entdecken gilt. Hier erfahren Sie, warum die wilde Nahrung von den Bäumen und Sträuchern so gesund und wertvoll ist. Außerdem bekommen Sie zahlreiche Tipps und Informationen für Ihre ersten Entdeckungs- und Sammeltouren.

Born to eat wild

Etwa 99 Prozent der Menschheitsgeschichte haben wir uns überwiegend von Wildpflanzen und Wildfrüchten ernährt. Sie sind die Urnahrung des Menschen und wir sind an sie evolutionär bestens angepasst. Bis ins Mittelalter gehörte die wilde Nahrung zum Speiseplan, bis sie allmählich von gezüchteten Getreide-, Obst- und Gemüsesorten verdrängt wurde.

Bei der Züchtung der modernen Hochleistungssorten sind leider viele Vitamine, Mineralien und Spurenelemente auf der Strecke geblieben. Das Nährstoffprofil der Züchtungen unterscheidet sich deutlich von dem ihrer wilden Vorfahren. Besonders bemerkbar macht sich der Verlust der sogenannten sekundären Pflanzenstoffe, die in Wildpflanzen in besonderem Maße anzutreffen sind. Ihre besonderen gesundheitsförderlichen Wirkungen werden im folgenden Abschnitt beschrieben. Es ist also sinnvoll, unsere moderne Ernährung mit Wildpflanzen zu bereichern. Das bringt nicht nur gesundheitliche Vorteile, sondern macht unseren Speiseplan abwechslungsreicher und schenkt uns ganz neue Geschmackserlebnisse.

Supergesunde Wildpflanzen

Die essbaren Pflanzenteile von Bäumen und Sträuchern zeichnen sich durch einen außergewöhnlichen Gehalt an Vitaminen, Mineralstoffen und Spurenelemente aus, die für unseren Stoffwechsel unentbehrlich sind. So enthält beispielsweise die Hagebutte mehr als 20-mal so viel Vitamin C wie eine Zitrone, die Vogelbeere hat im Vergleich zu einem Durchschnittsapfel mehr als 50-mal so viel Provitamin A. Die Blätter der Linde haben den 3,5-fachen Proteingehalt von Spinat.

Die wilden Superfoods punkten aber auch mit einem sehr hohen Gehalt an sekundären Pflanzenstoffen (z. B. Phenolsäuren, Anthocyane). Jede Wildpflanze besitzt davon viele Hundert, im Durchschnitt 3–4-mal so viele verschiedene wie gezüchtete Pflanzen. Diese bioaktiven Stoffe wirken sehr positiv auf unsere Gesundheit, denn darunter befinden sich starke Antioxidanzien, die unsere Körperzellen vor Krebs und Herzinfarkt schützen sowie unser Immunsystem stärken. Antioxidanzien sind in aller Munde, weil sie als gute Radikalenfänger gelten. Die schädlichen freien Radikalen stammen z. B. aus Zigarettenrauch, entstehen aber auch auf natürliche Weise beim Stoffwechsel im Körper. Die sekundären Pflanzenstoffe sind für unseren Organismus eine Art Schutzpolizei, denn sie wirken antioxidativ, antimikrobiell, antikanzerogen, antientzündlich, blutdruck- und cholesterinsenkend.

Wenn wir Wildpflanzen in unseren Speiseplan integrieren, schützen uns die darin enthaltenen Inhaltsstoffe tagtäglich präventiv. Wildpflanzen sind aber nicht nur Prophylaxe, sondern sie können auch gezielt bei bestimmten Erkrankungen eingesetzt werden. Jede essbare Wildpflanze ist gleichzeitig Heilpflanze. Hier bewahrheitet sich der uralte Lehrsatz des griechischen Arztes Hippokrates:

> »Eure Nahrung soll euer Heilmittel sein. Eure Heilmittel sollen eure Nahrung sein.«

Im Gesundheits-Check bei den Pflanzenporträts können Sie nachlesen, welche Inhaltsstoffe die jeweilige Wildpflanze auszeichnen und welche Heilwirkung sie besitzen.

Jetzt wird gesammelt!

Sobald Sie hinaus in die Natur gehen, werden Sie die ersten Sträucher und Bäume entdecken. Dazu müssen Sie nicht unbedingt Waldgebiete aufsuchen, denn auch in Gärten und Parkanlagen finden Sie viele der in diesem Buch beschriebenen Pflanzen. Linde, Holunder und Ahorn beispielsweise sind auch überall in besiedelten Gebieten anzutreffen. Auch wenn Landwirtschaft und Flurbereinigung viele Hecken haben verschwinden lassen, werden Sie beim Wandern, Joggen oder Fahrradfahren artenreichen Hecken mit Brombeere, Hundsrose, Holunder, Schlehe und Traubenkirsche begegnen. Bevor Sie Ihre Expedition ins »wilde Land« beginnen, gibt es hier noch ein paar hilfreiche Tipps und Hinweise:

Sicher bestimmen

Mithilfe dieses Buches können Sie die besten essbaren Bäume und Sträucher identifizieren. Betrachten Sie die Fotos ganz genau und überprüfen Sie anhand des Sicherheits-Checks die charakteristischen Merkmale der gefundenen Pflanze. Dort werden auch alle ähnlich aussehenden Pflanzen aufgeführt. Meistens können diese ebenfalls gesammelt und gegessen werden, doch in einigen Fällen gibt es giftige oder ungenießbare Verwechslungspflanzen. Sollten Sie sich einmal nicht ganz sicher sein, dann verzichten Sie auf das Ernten oder fra-

»Geheimwaffe« der Pflanzen

Sekundäre Pflanzenstoffe schützen Pflanzen gegen Schädlinge, Krankheiten, Mikroorganismen, UV-Licht und pflanzliche Konkurrenten. Zudem locken sie bestäubende Insekten und samenverbreitende Früchtefresser an. Man schätzt, dass es über 200 000 derartige chemische Verbindungen gibt. Jede Wildpflanze enthält mehrere Hundert bis Tausend sekundäre Pflanzenstoffe, sogenannte »Phytochemicals«. Dazu gehören auch die Heilstoffe der Phytomedizin, wie Bitterstoffe, Carotinoide, Flavonoide oder Senfölglykoside.

gen Sie einen Pflanzenexperten. Um tiefer in die Materie einzusteigen, ist es hilfreich, an einer Pflanzenführung teilzunehmen und so die Pflanzen am Naturstandort kennenzulernen. Außerdem gibt es sehr viel gute weiterführende Bestimmungsliteratur und Sie können sich auch mithilfe des Internets absichern. Im Serviceteil (Seite 152) finden Sie empfehlenswerte Bücher und Internetseiten.

Wo darf gesammelt werden?

Sie dürfen für den privaten Gebrauch überall in der freien Natur sammeln, das erlaubt das Bundesnaturschutzgesetz. Die entnommene Menge muss verhältnismäßig sein, also pro Person nicht mehr als ein kleines Körbchen oder ein Handstrauß. In Naturschutzgebieten und Nationalparks gilt Sammelverbot! Ernten Sie so achtsam, dass man überhaupt nicht sieht, dass Sie da gewesen sind. Um den Pflanzen am Fundort einen Fortbestand zu ermöglichen, lassen Sie genügend Früchte hängen und ernten Sie gegebenenfalls an anderer Stelle weiter. Bevorzugen Sie Bäume und Sträucher, die an unbelasteten Stellen wachsen. Sammeln Sie also nicht unmittelbar neben vielbefahrenen Straßen und nicht direkt an Feldern, die mit Pestiziden gespritzt werden.
Sammeln Sie immer nur so viel, wie Sie benötigen und verarbeiten können! Denken Sie an die Tiere, die ebenfalls an der wilden Nahrung interessiert sind. So ernähren sich zum Beispiel von der Vogelbeere 63 Vogelarten, 31 Säugetier- und über 50 Insektenarten.

Die Sammelausrüstung

Der Weg zu den wilden Genüssen kann dornig sein, denn viele Sträucher sind mit Dornen und Stacheln bewehrt. Statten Sie sich also mit entsprechenden Klamotten aus. Die passende Kleidung ist auch insofern wichtig, als viele Früchte und Beeren eine unglaubliche Fähigkeit zum Färben besitzen. Denken Sie eventuell auch an Handschuhe und gutes Schuhwerk.
Zum sicheren Bestimmen haben Sie ein gutes Buch wie dieses dabei; eventuell kann eine Lupe nützlich sein, beispielsweise, um anhand der Blätter Heidelbeere und Rauschbeere zu unterscheiden. Zum Ernten benötigen Sie ein scharfes Messer, eine Gartenschere oder eine Baumschere.

Da einige Sammelobjekte nur in luftigen Höhen zu erreichen sind, kann eine stabile Leiter hilfreich sein. Nun fehlt nur noch ein Transportbehälter, in dem die gesammelten Blüten, Blätter oder Früchte luftig und ohne Quetschen Platz finden. Dafür hat sich schon zu Rotkäppchens Zeiten der klassische Weidenkorb bewährt. Für saftige kleine Früchte sind auch kleine Plastikeimerchen sehr praktisch.

Gut gesammelt und verarbeitet

Wenn Sie auf Ihrer Sammeltour viele verschiedene Pflanzen aufspüren, ist es von Vorteil, das Erntegut im Transportbehälter nach Arten zu trennen. Das erspart Ihnen zuhause viel Sortierarbeit. Außerdem können Sie so besser überprüfen, ob ungenießbare oder giftige Pflanzen dazwischengeraten sind.

Sammeln Sie nur Blätter, Blüten und Früchte, die frisch und gesund aussehen. Kranke oder von Insekten befallene Pflanzenteile kommen nicht ins Körbchen. Es hat sich bewährt, Blüten von Sträuchern kurz vor Mittag zu sammeln, da sie zu dieser Zeit sehr nektarreich sind, während Beeren eher nachmittags gesammelt werden, weil sie dann süßer sind.

Ernten Sie die Pflanzenteile nur in dem Zustand, wie er in den Pflanzenporträts beschrieben ist. Buchen- und Lindenblätter schmecken beispielsweise nur im jungen Zustand, später sind sie ungenießbar.

Zuhause sollten Sie die Schätze möglichst bald verarbeiten. Für kurze Zeit kann man das Sammelgut im Kühlschrank frischhalten. Manche Früchte können an einem kühlen, dunklen Ort noch einige Tage nachreifen (Esskastanie, Kornelkirsche, Schlehe), und manchen tut es gut, zunächst in die Gefriertruhe zu wandern (Vogelbeere). In den Pflanzenporträts finden Sie entsprechende Hinweise. Wildpflanzen stehen nicht ganzjährig zur Verfügung, deshalb ist es sinnvoll, sie zu konservieren. Sie finden bei den Basisrezepten (Seite 14) zahlreiche Tipps zum Einmachen und Verarbeiten.

Gefahr durch den Fuchsbandwurm?

Bei Bäumen und hohen Büschen müssen Sie sich keine Sorgen machen sich zu infizieren, aber eventuell bei Zwergsträuchern wie der Heidelbeere. Trotz der Schwere der Erkrankung (Echinokokkose) gibt es keinen Grund zur Beunruhigung, denn die meldepflichtige Infektion ist außerordentlich selten. Jährlich erkranken in Deutschland weniger als 20 Menschen, und es ist kein Fall dokumentiert, der auf den Genuss von Wildfrüchten zurückzuführen wäre. Die größte Risikogruppe sind Hunde- und Katzenbesitzer (70 Prozent), die sich über das eigene Tier infizieren. Einen 100-prozentigen Schutz vor der Erkrankung gibt es nicht, aber durch gründliches Waschen wird das Risiko minimiert. Das gilt übrigens für alles Obst und Gemüse, das im Freiland wächst. Bei erhitzter Nahrung (Marmelade, Gelee, Sirup) müssen Sie gar keine Bedenken haben, denn schon bei 60 °C werden die infektiösen Eier abgetötet.

Basisrezepte und Tipps zur Verarbeitung

Die vorgestellten »wilden Kerle« können sehr vielfältig verarbeitet und konserviert werden. Hier bekommen Sie dafür hilfreiche Tipps und Anregungen. Mithilfe der Basisrezepte können Sie die gesammelten Schätze von Bäumen und Sträuchern in außergewöhnliche Köstlichkeiten verwandeln.

Liköre – wild und beschwipst

Wilde Früchte und Blüten eignen sich wunderbar für die Likörherstellung. Zum einen besitzen sie ganz besondere Geschmacksnuancen, zum anderen sind solche Liköre Raritäten, denn sie sind in der Regel nicht käuflich zu erwerben. Die Herstellung ist relativ einfach: Sie benötigen lediglich Alkohol, geschmacksgebende Früchte, Blüten oder Blätter und ein Süßungsmittel. Nicht zu vergessen: Geduld. Denn ein Likör schmeckt nach dem Abfiltern meist noch nicht optimal. Erst nach einer mehrwöchigen Reifung in der Flasche wird sein Aroma »rund« und gut.

Zunächst werden die aromagebenden Pflanzenteile mit einem möglichst neutral schmeckenden Alkohol übergossen, damit die typischen Aromen der Wildpflanzen nicht durch den Eigengeschmack des Alkohols gestört werden. Nehmen Sie also beispielsweise Doppelkorn oder Wodka oder einen hochprozentigen Neutralalkohol (Primasprit, Weingeist). Hochprozentiger Neutralalkohol muss verdünnt werden, in der Regel auf 40–70%vol. Es kann allerdings auch wünschenswert sein, mithilfe des Alkohols bestimmte Aromen einfließen zu lassen: Beispielsweise harmoniert ein Zwetschgenbrand vorzüglich mit der verwandten Schlehe und ein Kirschbrand unterstützt die Aromen der Vogelkirsche.

WILDE AROMEN IN ALKOHOL Mit Ausnahme von Esskastanie und Ahorn eignen sich alle in diesem Buch beschriebenen Pflanzen für die Likörherstellung. Sie finden entsprechende Hinweise in den Pflanzenporträts. In der Regel nehmen Sie für 1 l Alkohol etwa 350–400 g Früchte, bei Blättern oder Blüten genügen etwa 150–200 g. Wichtig ist, dass alle Pflanzenteile mit Alkohol bedeckt sind. Nehmen Sie möglichst frische und keine getrockneten Pflanzen, da sich die Aromen aus den weichen Pflanzenzellen viel besser herauslösen. Bei Wildfrüchten kann es von Vorteil sein, sie zuvor einige Tage in die Gefriertruhe zu legen. Durch die aufgeplatzten Zellen werden die Aromen viel besser freigesetzt. Zerkleinern oder zerdrücken Sie die Früchte aber nicht, sonst entwickelt der Likör zu viele Trübstoffe. Sie können die Aromen der Wildpflanzen mit passenden Gewürzen wie Zimt, Vanille, Fenchel oder Zitrone noch abrunden und verfeinern. Die Pflanzenteile verbleiben zwei bis vier Wochen im Alkohol, nicht länger. Eine längere Extraktionszeit kann sich nachteilig auf Farbe und Aroma des Likörs auswirken. Nach dieser »Auszugszeit« wird der Likör durch ein sehr feines Sieb (eventuell mit eingelegtem Mulltuch) abgefiltert.

OHNE SÜSSE KEIN LIKÖR Zu guter Letzt benötigen Sie für den Likör noch ein Süßmittel. In der Regel nimmt man auf 1 l Alkohol etwa 100–250 g. Bei süßen Früchten (Himbeere, Brombeere) benötigen Sie weniger als bei herben (Vogelbeere, Schlehe) oder gar bei Pflanzenteilen ohne eigene Süße (Holunderblüten). Viele Rezepte sehen Zucker oder Kandis vor, aber selbstverständlich eignen sich alle unter Süßmittel (Seite 28) beschriebenen Alternativen. So können beispielsweise Vollrohrzucker und Kokosblütenzucker mit ihren karamellartigen Geschmacksnuancen sehr bereichernd sein. Auch Honig oder Apfeldicksaft können einen Likör mit Wildbeeren wunderbar abrunden.

In vielen Rezepten wird Zucker oder Kandis zusammen mit den Pflanzenteilen zum Alkohol gegeben, wo er sich während der Extraktionszeit langsam auflöst. Das ist die einfachste Variante. Allerdings verschlechtert der Zucker, wenn auch nur in geringem Maße, das Löseverhalten des Alkohols. Deshalb wird der Zucker bei professioneller Produktion erst nach dem Abfiltern in gelöster Form zugegeben. Diese sogenannte Zuckerlösung (Invertzucker/Läuterzucker) können Sie auch selbst herstellen. Sie benötigen zwei Teile Zucker und einen Teil Wasser, wenn Sie eine dickflüssige Likörkonsistenz bevorzugen, und eine 1:1-Mischung, wenn er dünnflüssiger sein soll. Also nehmen Sie beispielsweise 200 g Zucker und 100 ml Wasser und kochen dies 10–15 Minuten. Falls nötig, wird entstehender Schaum abgeschöpft. Dann abkühlen lassen und dem abgefilterten Liköransatz zufügen. Statt mit Zuckerlösung können Sie auch mit flüssigem Honig (etwas erwärmen) oder einem Dicksaft süßen (1:1 austauschen). Nach dem Süßen beginnt die Reifezeit in einer luftdicht verschlossenen Flasche. Diese sollte mindestens vier Wochen betragen. Je länger der Likör ruht, desto besser wird sein Geschmack.

Grundrezept »Wilder Likör«

- 350–400 g Wildfrüchte (frisch oder tiefgekühlt) oder 150–200 g Wildblüten
- 1 l Alkohol ca. 40 % vol.
- eventuell passende Gewürze (z. B. Vanille, Zimt, Zitrone)
- 150 g Süßmittel (Zucker, Kandis, Vollrohrzucker, Dicksaft)
- alternativ eine Zuckerlösung aus 200 g Zucker und 150 ml Wasser

Blüten bzw. Früchte und Gewürze in ein verschließbares Glas geben und mit Alkohol übergießen, so dass alles bedeckt ist. Früchte nicht zerkleinern oder zerdrücken. Zwei bis drei Wochen ziehen lassen. Dann durch ein feines Sieb abfiltern.

Wenn Sie ein festes Süßmittel (z. B. Kandis) nutzen, kann es gleich mit den Wildfrüchten zum Alkohol gegeben werden und sich während der Extraktionszeit langsam auflösen. Alternativ stellen Sie eine Zuckerlösung her, die erst nach dem Abfiltern zugefügt wird: Zucker und Wasser 15 Minuten köcheln und dann abkühlen lassen.

In sterile Flaschen füllen und luftdicht verschließen. Mindestens vier Wochen reifen lassen.

Essig – sauer und wild

BRINGEN SIE PFIFF IN DIE KÜCHE Die Blüten und Früchte der wilden Sträucher und Bäume bieten eine unglaubliche Fülle geschmacklicher und farbgebender Variationen, weshalb sie sich vorzüglich dazu eignen, Essige zu aromatisieren. Solche edlen »Aroma-Essige« sind nicht nur für Salate zu gebrauchen: Sie können sie auch zum Verfeinern von Suppen und Gemüsekreationen nutzen oder pur als Aperitif. Besonders gut geeignet sind die feinduftenden Holunder- und Lindenblüten sowie die wilden Früchte von Brombeere, Himbeere, Heidelbeere, Holunder und Vogelkirsche. Sie können die Essige zusätzlich mit Kräutern und Gewürzen verfeinern. Der Fantasie sind dabei keine Grenzen gesetzt. Sehr gute Essiggewürze sind beispielsweise Basilikum, Chili, Estragon, Knoblauch, Rosmarin, Thymian und Zitrone. Aus kulinarischer Sicht ist es allerdings wenig sinnvoll, viele verschiedene Zutaten zu mischen. Es kommt eher darauf an, den Charakter der Hauptzutat zu betonen. Verfeinern Sie also einen Brombeeressig mit einer Zimtstange, Holunderblütenessig mit Zitronenscheiben und einen Himbeeressig mit frischem Basilikum. Mit solchen Essigen können Sie Ihre Gäste überraschen.

SO WIRD'S GUT Nehmen Sie als Basis hochwertige Essige und keine billigen Säure- oder Branntwein-Essige (»Tafelessig«). Sehr empfehlenswert sind Weinessig, Traubenessig oder Obstessig. Es ist bezüglich der Haltbarkeit von Vorteil, wenn der Essig mehr als 6 % Säure aufweist. Die Aromen werden vom Essig am besten aufgenommen, wenn Sie frisch geerntete Zutaten nehmen statt getrockneter. Die Konservierungskraft des Essigs ist stark genug, so dass er vor dem Abfüllen nicht erhitzt werden muss. Dadurch werden die hitzeempfindlichen Inhaltsstoffe geschont. Eine Ausnahme sind jedoch gesüßte Essige.

GESÜSSTE ESSIGE Gerade Essige, die auch als Aperitif dienen sollen, werden gerne gesüßt. Beispielsweise können Sie einen Himbeeressig mit Himbeersirup verfeinern (70 ml auf 1 l Essig) oder einen Holunderblütenessig mit einem Holunderblütensirup (70 ml auf 1 l Essig). Süßen können Sie statt mit Sirup auch mit Zucker, Honig oder Dicksäften. Nehmen Sie auf 1 l Essig nicht mehr als 100 g (ml) Süßmittel. Süßmittel und Obst reduzieren die Säure des Essigs und verringern somit die Haltbarkeit. Deshalb werden gesüßte Ansätze auf mindestens 75 °C erhitzt und anschließend steril abgefüllt.

Grundrezept »Wilder Essig«, ungesüßt

- 250 g Wildfrüchte (frisch oder tiefgekühlt) oder 150 g Wildblüten
- 1 l Weinessig
- eventuell passende Gewürze (z. B. Knoblauch, Rosmarin, Zitrone, Zimt)

Blüten bzw. Früchte und Gewürze in ein verschließbares Glas geben und mit Essig übergießen, so dass alles bedeckt ist. Früchte nicht zerkleinern oder zerdrücken. Ein bis zwei Wochen ziehen lassen. Durch ein feines Sieb oder Mulltuch abgießen und in sterile Flaschen füllen (Flaschen für 10 Minuten bei 100 °C in den Backofen legen). Luftdicht verschließen.

Grundrezept »Wilder Balsamico«, gesüßt und erhitzt

- 250 g Wildfrüchte (frisch oder tiefgekühlt) oder 150 g Wildblüten
- 1 l Weißer Balsamico
- 70 ml Sirup oder 75 g Zucker bzw. alternatives Süßmittel
- eventuell passende Gewürze (z. B. Zitrone, Knoblauch, Zimt, Rosmarin)

Blüten bzw. Früchte, Gewürze, Zucker und Essig in einen Topf geben und eine Stunde ziehen lassen. Früchte können etwas zerdrückt werden. Zum Kochen bringen und bei niederer Temperatur 10 Minuten köcheln lassen. Beständig umrühren. Durch ein feines Sieb oder Mulltuch abgießen und noch heiß in sterile Flaschen füllen. Dazu die Flaschen für 10 Minuten bei 100 °C in den Backofen legen und Essig in die heißen Flaschen füllen, damit diese beim Einfüllen nicht platzen (Handschuhe verwenden). Sofort luftdicht verschließen.

Wild auf Säfte

Viele Wildfrüchte sind sehr saftreich und deshalb wunderbar zur Saftherstellung geeignet, zum Beispiel Brombeere, Himbeere, Holunderbeere oder Heidelbeere. Andere Wildfrüchte haben wenig Fruchtfleisch und somit weniger Saft. Hier empfiehlt es sich, saftreiches Obst wie Äpfel und Birnen beizumischen, damit sich der Aufwand lohnt. Das Beimischen von Äpfeln und Birnen hat zudem den Vorteil, dass herbe oder saure Wildfrüchte geschmacklich aufgewertet werden. Mit Apfel oder Birne harmonieren beispielsweise Holunder, Traubenkirsche, Schlehe und Vogelbeere. Außerdem kann durch die Beimischung von Äpfeln oder Birnen auf zusätzliches Süßen des Saftes verzichtet werden. Das Süßen von Säften ist ohnehin Geschmackssache. Es ist aus Sicht der Konservierung auch nicht erforderlich. Die Haltbarkeit wird durch heißes Abfüllen und luftdichtes Verschließen gewährleistet. Trotzdem ist bei sehr herben oder sauren Früchten (z.B. Kornelkirsche, Sanddorn) die Zugabe von 50–100 g Süßmittel auf 1 kg Früchte zu empfehlen. Eine Zuckerzugabe verbessert zudem die Saftausbeute.

ENTSAFTUNGSVERFAHREN Zur Saftherstellung gibt es verschiedene Gerätschaften und Verfahren: Zum einen bietet der Handel Geräte an, die mit dem Pressverfahren arbeiten, entweder Schneckenpressen, Hydraulikpressen oder Handpressen. Sie kosten 100–500 Euro. Diese Pressentsafter arbeiten schonend, die Säfte sind kaltgepresst und die Vitamine bleiben erhalten. Die entstandenen Säfte sollten innerhalb eines Tages verzehrt oder weiterverarbeitet werden. Ebenfalls ohne Hitze entsaften sogenannte Zentrifugenentsafter, die durchschnittlich 100–300 Euro kosten.

Zur Konservierung müssen alle Säfte, die mit dem Press- oder Zentrifugalverfahren hergestellt wurden, vor dem Abfüllen pasteurisiert werden (10 Minuten bei 75 °C). Kontrollieren Sie die Temperatur mit einem Einkochthermometer, damit der Saft nicht zu heiß wird und dadurch einen »Kochgeschmack« annimmt. Die rohen Säfte können zur Konservierung aber auch eingefroren werden (Gefrierdose oder Gefrierbeutel).

Mit dem Dampfentsafter wird heiß entsaftet, wobei die Hitze die Pflanzenzellen zum Platzen bringt und der Saft ausfließt. Dieses Verfahren ist gerade für Wildfrüchte sehr praktikabel, denn hier müssen die Früchte nicht vorher aufwendig entsteint werden. Außerdem können größere Obstmengen sehr ergiebig entsaftet werden. Der Saft wird dann über einen integrierten Schlauch direkt in die vorbereiteten Flaschen gefüllt. Je nach Frucht dauert das Entsaften 30–60 Minuten. Ein Pasteurisieren ist nicht nötig, da der Dampf etwa 75 °C heiß ist, wenn er das Obst im Fruchtkorb erreicht. Dampfentsafter kosten 30–100 Euro.

Wenn Sie sich kein Entsaftergerät kaufen wollen, gibt es noch die traditionelle Methode, für die Sie nur einen Kochtopf, ein Abtropfsieb und ein Mulltuch benötigen.

Die Früchte werden mit wenig Wasser oder Apfelsaft bei geringer Hitze gekocht. Dabei platzen die Zellen auf und der Saft wird freigegeben.

Grundrezept »Wildfruchtsaft«, ohne Entsafter

- 1 kg Wildfrüchte
- 200 ml Apfelsaft (oder Wasser)
- Nur wenn gewünscht: 50 g Zucker bzw. alternatives Süßmittel

Früchte mit Saft oder Wasser zum Kochen bringen. Bei herben oder sauren Früchten ist es eventuell erforderlich, Zucker beizufügen. Mit geschlossenem Deckel 15 Minuten bei geringer Hitze köcheln lassen. Vom Herd nehmen und eine Stunde ziehen lassen.

Das Ganze durch ein feines Sieb abtropfen lassen (dauert mehrere Stunden). Der Saft wird weniger trüb, wenn das Sieb zusätzlich mit einem Passiertuch (Baumwolltuch/Mulltuch) ausgelegt wird. Das Tuch zuvor in kaltes Wasser tauchen und auswringen. Zum Schluss wird vorsichtig abgepresst.

Den Saft nochmals 10 Minuten lang auf mindestens 75 °C erhitzen und noch heiß in sterile Flaschen füllen. Dazu die Flaschen für 10 Minuten bei 100 °C in den Backofen legen und den Saft in die noch heißen Flaschen geben, damit diese beim Einfüllen nicht platzen (Handschuhe verwenden). Sofort luftdicht verschließen.

Nach Anbruch müssen die Säfte kühl gestellt und innerhalb einer Woche verbraucht werden. Wildfruchtsäfte können sowohl pur getrunken als auch zum Mischen von erfrischenden Limonaden verwendet werden, oder Sie verarbeiten sie zu Gelees, Punsch und Smoothies weiter.

Wilde Aromen in Sirup

»Sirup« kommt von dem lateinischen Wort »sirupus«, das »zuckerhaltiger Trank« bedeutet. Sirupe wurden ursprünglich aus Heilpflanzen hergestellt und als süße Medizin genutzt. Heute geht es vor allem um den Genuss, denn die süßen Sirupe sind beliebt als Aromageber. Sie können sich damit erfrischende Drinks, Schorlen und Limonaden mixen, oder Sie verwenden den Sirup als Süßmittel für Tee. Außerdem können Sie damit Eis und Desserts verfeinern. Sirup können Sie aus aromatischen Wildblüten (z.B. Holunder, Linde), Blättern (z.B. Fichten, Tannen) oder Wildfrüchten (z.B. Brombeere, Himbeere, Holunder) herstellen. Bei der Herstellung muss unterschieden werden zwischen Blüten- und Blattsirup sowie Fruchtsirup.

Grundrezept für Blüten- oder Blattsirup

- 1 kg Zucker
- 1 l Wasser
- 2 Zitronen (in Scheiben)
- 1 l Messbecher mit Blüten oder Blättern

Zucker und Wasser zum Kochen bringen und 10 Minuten köcheln lassen. Zitronenscheiben zufügen und vom Herd nehmen. Nun die Blüten oder Blätter einrühren. An einem kühlen Ort zugedeckt ein bis zwei Tage (mindestens 12 Stunden) durchziehen lassen. Durch ein sehr feines Sieb oder Passiertuch abgießen.

Sirup erneut zum Kochen bringen und heiß in sterile Flaschen füllen. Die Flaschen legen Sie zum Sterilisieren für 10 Minuten bei 100 °C in den Backofen. Füllen Sie den Sirup (mit Handschuhen!) in die heißen Flaschen ein, um ein Platzen zu verhindern. Luftdicht verschließen.

Grundrezept für Wildfruchtsirup

- 1 kg Wildfrüchte
- 200 ml Wasser oder Apfelsaft
- 400–800 g Zucker (oder Vollrohrzucker, Apfeldicksaft)
- Saft von 2 Zitronen

Wildfrüchte in Wasser (Saft) bei geringer Hitze weichkochen. Mit Kochlöffel oder Kartoffelstampfer zerdrücken und noch 10 Minuten ziehen lassen. Ein feines Sieb mit einem Mulltuch auslegen und den Fruchtbrei einfüllen. Langsam durchlaufen lassen (dauert mehrere Stunden).

Fruchtsaft abmessen und pro 100 ml Saft mindestens 50 g Zucker zugeben. Zitronensaft einrühren und unter Rühren aufkochen, so dass sich der Zucker auflöst. Eventuell entstehender Schaum wird abgeschöpft. In vorbereitete Flaschen füllen und sofort luftdicht verschließen.

Nach Anbruch sollte der Sirup kühl gestellt und innerhalb von drei bis vier Wochen verbraucht werden.

Wilde Aufstriche aufs Brot

Die spannenden Aromen der Wildfrüchte kommen besonders gut zur Geltung, wenn sie zu süßen Aufstrichen verarbeitet werden. Manche Wildfrucht ist roh vom Strauch eine herbe Enttäuschung, aber die Kombination mit Süßmitteln und der Hitze des Einkochens erschließt uns ganz neue Geschmackserlebnisse.

GENUSS PUR: DAS WILDE MUS Die natürlichste Aufstrichvariante, ganz ohne Süßmittel, ist Wildfruchtmus. Hierzu werden die Früchte in einen Topf gegeben und mit etwas Fruchtsaft (Apfel, Birne, Traube) oder Wasser bei milder Hitze weichgegart. Die Menge des Fruchtsaftes hängt vom Wassergehalt der Wildfrüchte ab, in der Regel genügen 100–200 ml je kg Frucht. Da Fruchtmuse nicht gesüßt werden, ist es bei einigen Wildfrüchten (z. B. Schlehe, Vogelbeere) sinnvoll, etwa 30–50 % süßes Obst, wie Äpfel oder Birnen, dazuzumischen. Das weichgedünstete Obst wird durch ein Passiersieb (oder eine Passiermühle) gegeben, um Kerne bzw. Steine zurückzuhalten. Denn viele Wildfrüchte besitzen Kernchen oder Steine, die sich sehr schlecht manuell entfernen lassen. Das fertige Fruchtmus wird zur Konservierung heiß in luftdicht verschließbare Schraubgläser gefüllt oder eingefroren. Fruchtmuse eignen sich auch gut zum Verfeinern von Desserts oder als Grundlage von Sorbets.

MARMELADEN UND KONFITÜREN

Marmeladen, Konfitüren, Gelees und Fruchtaufstriche enthalten im Gegensatz zum Fruchtmus außer der Fruchtmasse noch Süßmittel und Geliermittel. Informationen zu Süßmitteln und Geliermitteln finden Sie im Anschluss an die Basisrezepte (Seite 28). Früher war der Zuckergehalt maßgeblich für die Konservierung der Marmeladen verantwortlich. Heute haben wir dank luftdichter Schraubverschlüsse die Möglichkeit, zuckerreduzierte Marmeladen herzustellen. Das ermöglicht einen hohen Fruchtanteil mit entsprechend intensiven Fruchtaromen. Die Konservierung wird durch das heiße Abfüllen gewährleistet. Zuckerreduzierte Marmeladen sind aber nach dem Öffnen nicht so lange haltbar und müssen dann kühl gelagert werden. Die Reduzierung des Zuckeranteils setzt voraus, dass hygienisch einwandfrei gearbeitet wird. Auch die Früchte werden auf Verunreinigungen, Schimmel und faule Stellen überprüft.

Es eignen sich nahezu alle Wildfrüchte für die Marmeladenherstellung. Bei einigen bringt eine Mischung mit mildem Obst (Äpfel, Birnen, Erdbeeren, Pflaumen) geschmackliche Vorteile. Beachten Sie hierzu die Hinweise bei den jeweiligen Pflanzenporträts. Außerdem können Sie geschmacksverfeinernde Gewürze einsetzen. Sehr gut eignen sich Vanille, Zimt, Ingwer, Orangen- und Zitronenschalen. Der Kreativität sind keine Grenzen gesetzt: Auch Kräuter wie Minze, Melisse oder Lavendel können eine Marmelade abrunden. Selbst Alkohol (Brände, Wein, Likör) eignet sich als verfeinernde Geschmacksnote.

Die Konsistenz der Marmelade ist Geschmackssache. Die Früchte können Sie mit dem Mixer oder mit dem Pürierstab zerkleinern oder Sie mögen es eventuell lieber, wenn in der Fruchtmasse auch Fruchtstückchen vorkommen. Bei einigen Wildfrüchten ist jedoch eine feine Struktur des Aufstrichs vorgegeben, weil sie wegen der Kerne passiert werden müssen. Dazu werden die Früchte zunächst mit wenig Flüssigkeit (Saft, Wasser) weichgegart und dann durch das Passiersieb gegeben.

UNVERZICHTBAR: STERILES ARBEITEN

Das A und O beim Einmachen, egal ob Marmelade, Gelee, Sirup oder Saft, sind Hygiene und sterile Gerätschaften, vor allem, wenn mit reduzierten Zuckergehalten gearbeitet wird. Gläser, Flaschen und dazugehörige Deckel müssen vor dem Abfüllen unbedingt gut gereinigt und sterilisiert werden. Am besten kochen Sie sie fünf Minuten aus und stellen sie zum Trocknen verkehrtherum auf ein Geschirrtuch. Sie werden innen nicht mit einem Tuch abgetrocknet, weil dies erneut Mikroorganismen ins Glas befördern könnte. Eine gute Möglichkeit, die

Gläser bis zum Abfüllen keimfrei zu halten, ist der Backofen. Heizen Sie ihn auf 100 °C vor und stellen Sie Flaschen und Gläser hinein. Wenn Gläser und Flaschen beim Befüllen heiß sind, verringert sich die Gefahr, dass das Glas platzt. Gläser und Flaschen werden mit dem heißen Füllgut bis zum Rand gefüllt. Dann wird das Behältnis sofort luftdicht verschlossen. Stellen Sie nun Glas oder Flasche für drei bis fünf Minuten auf den Kopf. So werden dank der kochend heißen Marmelade auch der Deckel und der Luftraum zwischen Deckel und Füllgut steril. Falls Sie gebrauchte Gläser und Flaschen verwenden, überprüfen Sie, ob sie dicht schließen. Man füllt sie mit Wasser und stellt sie auf den Kopf. Es darf kein Tropfen Wasser austreten.

GELIERMITTEL Im Gegensatz zum Fruchtmus haben Marmelade und Konfitüre eine feste, aber doch streichfähige Konsistenz. Das ist die Wirkung des Geliermittels. Früher nutzte man für das Gelieren die natürlichen Pektine der Früchte. Diese mussten erst durch langes Kochen aus den Zellen herausgelöst werden. Nicht alle Früchte enthalten genügend eigenes Pektin. Deshalb setzt man heute das Geliermittel Pektin zu. Dadurch wird die Kochzeit erheblich verkürzt. Weil Pektin Säure benötigt, um zu gelieren, ist auch ein Säuerungsmittel nötig. Die natürlichste Variante ist Zitronensaft: Auf 1 kg Früchte nimmt man den Saft einer Zitrone.

Die einfachste Geliermethode ist die Verwendung von fertig gemischtem Gelierzucker. Es gibt 1:1-Gelierzucker (für einen Teil Früchte und einen Teil Zucker), aber auch 2:1- und 3:1-Gelierzucker (für drei Teile Früchte und einen Teil Zucker). Ein Blick auf das Zutatenverzeichnis lohnt sich, denn vor allem 2:1- und 3:1-Gelierzucker enthalten in der Regel nicht nur Geliermittel, sondern auch Konservierungsstoffe und Säuerungsmittel. Teilweise sind auch Mittel zur Schaumreduzierung, wie Palmöl, beigemischt. Es gibt jedoch auch Bio-Gelierzucker, die nur Zucker und Pektin enthalten. Bei fertig gemischten Gelierzuckern halten Sie sich am besten an die angegebenen Kochzeiten des Herstellers.

ES GEHT AUCH OHNE GELIERZUCKER
Das Problem der fertig gemischten Gelierzucker ist je nach persönlicher Einstellung gegebenenfalls der Zucker selbst. Wer auf alternative Süßmittel (Seite 28) ausweichen möchte, muss sich das Geliermittel getrennt besorgen. Es werden zu diesem Zweck Citrus- oder Apfelpektine angeboten. Pektin besitzt die E-Nummer 440. Sie benötigen je nach Hersteller 10–20 g Pektin für 1 kg Früchte. Ein weiteres Geliermittel für Marmeladen ist Agar-Agar, ein Produkt aus Rotalgen. Agar-Agar wird mit der E-Nummer 406 gekennzeichnet. Es lässt meines Erachtens die Fruchtaromen nicht ganz so gut zur Geltung kommen wie Pektin, vielleicht weil es einen leichten Eigengeschmack hat. Sie benötigen je nach Hersteller 2–3 TL für 1 kg Früchte und erhitzen es zusammen mit Früchten und Süßungsmittel. Agar-Agar benötigt längere

Kochzeiten als Pektine (10 Minuten). In der Regel funktionieren die Geliermittel wunderbar, aber bei pektinarmen Früchten sollten Sie zur Vorsicht vor dem Abfüllen der Konfitüre eine Gelierprobe machen: Einen Tropfen davon auf einen kalten Teller geben und gleich in den Kühlschrank stellen. Schon nach einer Minute wird sichtbar, ob die Masse fest wird. Wenn nicht, wird die Konfitüre noch einmal für einige Minuten mit einem Spritzer Zitronensaft aufgekocht, um weitere Pektine zu aktivieren.

Grundrezept für »Wilde Marmelade«, ohne Gelierzucker

- 1 kg Wildfrüchte oder passierte Früchte (um Kerne zu entfernen!)
- 150–200 ml Apfelsaft
- 400–600 g Zucker (alternativ Vollrohrzucker, Apfeldicksaft)
- Saft von 1 Zitrone
- 10–20 g Apfelpektin-Pulver (bei pektinreichen Früchten wie Berberitze oder Heidelbeere genügen 10 g)

Wildfrüchte mit Apfelsaft und mit ¾ des Zuckers in einem großen Topf bei geringer Hitze weichkochen. Zitronensaft zufügen. Pektin mit restlichem Zucker vermischen und in die kochende Masse einrühren. Sobald die Marmelade zu sprudeln beginnt, je nach Angabe des Pektinherstellers zwei bis vier Minuten weiter kochen. Dabei beständig rühren.

Heiß in vorbereitete Gläser füllen und sofort verschließen.

LEUCHTENDE GELEES AUS FRÜCHTEN Die Basis für ein Gelee ist der Saft der Früchte. Den Fruchtsaft können Sie mittels eines Entsafters gewinnen oder Sie nutzen die traditionelle Methode: Die Früchte werden mit Apfelsaft oder Wasser bei geringer Hitze in ca. 15 Minuten weichgekocht. Nehmen Sie bei saftigen Früchten 150 ml Flüssigkeit auf 1 kg Früchte, bei festeren Früchten 300 ml. Schütten Sie alles in ein feines Sieb, das Sie mit einem Passiertuch/Safttuch ausgelegt haben. Das Tuch zuvor in kaltes Wasser tauchen und auswringen. Es gibt im Handel auch spezielle Saftbeutel. Der Saft benötigt viel Zeit, bis er durchgetropft ist, am besten Sie lassen ihn über Nacht stehen. Dann das Tuch leicht zusammendrehen und vorsichtig noch etwas Saft auspressen – nicht zu stark, sonst wird das Gelee trüb.

Grundrezept für Wildfruchtgelee, mit Gelierzucker

- 1 l Saft von Wildfrüchten
- 1 kg Gelierzucker 1:1 (oder 500 g Gelierzucker 2:1)
- Saft von 1 Zitrone

Saft mit Gelierzucker und Zitronensaft unter Rühren zum Kochen bringen. Bei starker Hitze 3–4 Minuten kochen.

Alternativ können Sie die Früchte mit Geliermittel (Pektin oder Agar-Agar), Zitronensaft und der gewünschten Menge Süßungsmittel mischen. Agar-Agar benötigt eine doppelt so lange Kochzeit wie Pektin.

Gelee heiß in vorbereitete Gläser füllen und sofort verschließen.

EINE DUFTE SACHE: BLÜTENGELEES
Sie können Gelees statt aus Früchten auch aus Blüten oder Blättern herstellen. Dazu eignen sich beispielsweise Holunderblüten, Lindenblüten, Schlehenblüten oder Fichtentriebe. Damit die duftenden Blüten oder Blätter ihr Aroma abgeben, werden sie für einige Stunden in Apfel- oder Birnensaft eingelegt und dann kurz aufgekocht. Sie können statt des Fruchtsafts auch Cidre oder ganz puristisch Wasser nehmen. Das Aroma der Blüten kann durch Vanille oder Zitronenschale verfeinert werden.

Grundrezept für Blütengelee, mit Gelierzucker

- 1 l (Messbecher) Blüten
- 800 ml Apfelsaft (oder Cidre, Wasser)
- Saft von 1 Zitrone
- 500 g Gelierzucker 2:1
- ½ Vanilleschote

Die Blüten in einen Topf geben, mit Flüssigkeit übergießen. Aufgeschnittene Vanilleschote und Zitronensaft zugeben. Drei Stunden ziehen lassen.

Im Topf bis zum Kochen erhitzen. 10 Minuten ziehen lassen und durch ein feines Sieb abfiltern.

Mit Gelierzucker mischen und zum Kochen bringen. Nach drei Minuten Kochzeit heiß in saubere Gläser füllen und sofort verschließen.

TIPP Das Einlegen von frischen Blüten in Saft ist auch die Basis für eine durststillende Limonade: Übergießen Sie 1 l duftende Blüten mit 1 l Apfelsaft. Lassen Sie die Mischung zwei bis drei Stunden im Kühlschrank ziehen. Anschließend durch ein Sieb abgießen und vor dem Servieren mit einer Flasche kohlensäurehaltigem Mineralwasser mischen. Eine herrliche Sommerlimonade!

Süßmittel – die Qual der Wahl

ZUVIEL ZUCKER WIRD ZUM PROBLEM Oft ist es das Süßmittel, welches die teils herben Wildfrüchte genießbar macht oder deren Aromen erst richtig zur Geltung bringt. In der Regel wird weißer Haushaltszucker verwendet, der jedoch immer wieder in der Kritik steht: Karies, Übergewicht, Diabetes und weitere ernährungsbedingte Krankheiten werden mit ihm in Verbindung gebracht. Das liegt auch an der hohen Verzehrmenge, denn pro Kopf sind es in Deutschland jährlich 36 kg. Das ist immerhin viermal so viel, wie die Weltgesundheitsorganisation (WHO) empfiehlt.

Ausgehend von der Reform- und Naturkostbewegung haben sich einige Zucker-Alternativen auf dem Markt etabliert, die den Anspruch erheben, gesünder zu sein als weißer Zucker. Sie enthalten zwar etwas weniger Energie als weißer Zucker und einige Mineralstoffe und Vitamine (zwischen 1 und 2,5 Prozent), aber trotzdem sind sie immer noch sehr kalorienreich. Wirklich gesund sind die Alternativen also auch nicht.

Genießen Sie am besten bewusst und maßvoll. Dann ist es letztendlich auch nicht so entscheidend, welches Süßmittel Sie einsetzen. Bei der Auswahl spielt auch der persönliche Geschmack eine Rolle, denn viele Ersatzstoffe unterscheiden sich geschmacklich vom neutral süßen Haushaltszucker.

Kleine Zucker-Warenkunde

WEISSER HAUSHALTSZUCKER wird durch aufwendige Reinigungsprozesse entweder aus dem Saft der Zuckerrübe oder aus dem tropischen Zuckerrohr hergestellt.

BRAUNER ZUCKER ist herkömmlicher raffinierter Zucker, dem zur Färbung und Geschmacksgebung etwas Melasse zugefügt wurde. Unterscheidet sich kaum von Haushaltszucker.

VOLLROHRZUCKER (URSÜSSE) entsteht aus Zuckerrohrsaft, der eingedickt, getrocknet und zur Zerkleinerung gemahlen wird. Er hat einen relativ hohen Mineralstoffgehalt (2,5 %). Seine Farbe ist braun und der Geschmack karamellartig. Sie können damit den Zucker 1:1 ersetzen, denn er gleicht ihm in Süßkraft und lässt sich genauso gut verarbeiten. Er eignet sich gleichermaßen zum Backen, zum Süßen von Likör und zum Einkochen von Marmelade.

KOKOSBLÜTENZUCKER wird durch Anzapfen des Blütenstands von Kokospalmen gewonnen. Der Mineraliengehalt liegt bei knapp 2 %. Seine Farbe ist hellbraun und er schmeckt leicht nach Karamell und Malz. Gerade bei Wildfrucht-Likören oder Konfitüren kann dieses dezente Aroma Geschmacksvorteile bringen. Hat etwa die gleiche Süßkraft wie Haushaltszucker und lässt sich genauso verarbeiten. Sehr teuer.

AGAVENDICKSAFT (AGAVENSIRUP) wird aus dem Saft einer mexikanischen Agave gewonnen. Kalorienärmer und höhere Süßkraft als Zucker. Die Zuckermenge kann um etwa ein Viertel reduziert werden. Geschmacklich sehr mild und neutral. Die Konsistenz ist dünnflüssiger als Honig. Geeignet zum Süßen von Likören, Gelees oder Quarkspeisen. Zum Backen ist er nicht so gut geeignet, denn die Teige bräunen schnell und besitzen keine gute Standfestigkeit.

AHORNSIRUP ist der eingedickte Saft des Zucker-Ahorns. Aroma herbsüß mit Karamellanteilen. Die Süßkraft liegt etwa bei 65 % des Haushaltszuckers. Sehr teuer. Sirupe mit dem Qualitäts-Grad C oder D sind dunkler und kräftiger im Aroma, denn sie enthalten mehr Mineralstoffe.

REISSIRUP oder andere Getreidesirupe entstehen mithilfe von Wasser und Enzymen aus der im Getreide enthaltenen Stärke. Nussig-malzartiger Geschmack und wesentlich geringere Süßkraft als Zucker. Enthält keine Fruktose.

APFELDICKSAFT (APFELKRAUT) UND BIRNENDICKSAFT (BIRNENKRAUT) entstehen durch das schonende Eindicken von Fruchtsäften. Durch die Konzentration haben sie einen relativ hohen Anteil an Mineralien (2 %). Gut geeignet zum Süßen von Konfitüren, Gelees und Likören. Die Süßkraft liegt deutlich unter der von Haushaltszucker. Sie müssen 100 g Zucker gegen 125 ml Dicksaft austauschen.

HONIG ist ein natürliches Bienenprodukt. Enthält zahlreiche wertvolle Enzyme, die durch Erhitzen verloren gehen. Zu schade zum Backen oder Marmeladekochen, aber für Quark- und Joghurtspeisen oder für Liköre ein ideales Süßmittel. Stärkere Süßkraft als Zucker, kann deshalb in geringeren Mengen eingesetzt werden. Statt 100 g Zucker nehmen Sie etwa 80 g Honig.

ZUCKERRÜBENSIRUP ist der eingedickte Saft der Zuckerrübe. Ausgeprägt malziger, leicht bitterer Geschmack. Er enthält relativ viele Mineralien (1,5 %), vor allem auch Eisen. Starker Eigengeschmack, kann daher weißen Zucker nur begrenzt ersetzen.

BIRKENZUCKER (XYLIT) ist Zuckeralkohol, der mit hohem Energieaufwand industriell aus Holz (Buche, Birke) oder Mais hergestellt wird. Er ist genauso süß wie Zucker und schmeckt fast genauso, hat aber 40 Prozent weniger Kalorien. Kann Haushaltszucker deshalb 1:1 ersetzen. Er schützt nachweislich vor Karies. In größeren Mengen eingesetzt, kann er jedoch Blähungen verursachen und abführend wirken.

ERYTHRIT ist ebenfalls Zuckeralkohol. Wird mithilfe von Mikroorganismen (Pilze) hergestellt. Im Gegensatz zu Xylit komplett kalorienfrei und auch in größeren Mengen etwas besser verdaulich und verträglich. Etwa 70 Prozent der Süßkraft des normalen Zuckers.

20 WILDE KERLE

Die »wilden Kerle« sind heiß auf ein Rendezvous mit Ihnen. Sie wollen entdeckt und gepflückt werden. Seien Sie gewiss, dass Sie das wilde Abenteuer nicht bereuen werden. Machen Sie sich bereit für spannende Dates!

Der Schutzbaum unserer Vorfahren

Ahorn

Spitzahorn
Acer platanoides
(Seifenbaumgewächse)

Fund- und Sammelorte: Laub- und Mischwälder, Parks, Alleen

Wuchshöhe: 15–25 m

Verwendete Pflanzenteile: Blätter, Blüten, Pflanzensaft, Früchte

Geschmack: Blätter herb-säuerlich, Blüten herb-süßlich, Früchte leicht bitter

Verwechslung: Bergahorn (essbar), Feldahorn (essbar)

Ahornbäume waren bei unseren Vorfahren sehr beliebt. Sie galten als heitere und fröhliche Bäume, unter denen man sich gerne aufhielt. Vielleicht auch, weil man in ihrem Geäst oder unter ihren Wurzeln glücksbringende Feen vermutete. In einem Ahornbaum konnte sich aber auch ein verwunschener Mensch verbergen. So gibt es in Österreich mehrere Sagen, in denen junge Mädchen durch einen Fluch von Mutter oder Vater in einen Ahornbaum verwandelt wurden. Wenn jemand den Baum verletzte, floss Blut heraus.

Den Ahorn pflanzten Bauern gerne in die Nähe des Hofes, da er als Schutzbaum galt. Selbst dem Ahornholz traute man im Mittelalter zu, gegen allerlei Unheil zu helfen. Deshalb fertigte man die Türschwellen aus Ahornholz, damit weder Hexen noch Geister eintreten konnten. Auf dem Dachboden konnte Ahornholz verhindern, dass der Blitz einschlägt. Das funktionierte nach altem Zauberglauben aber nur, wenn das Holz am 24. Juni (Johanni) ins Haus geholt wurde.

Große Blätter und süßer Baumsaft

Ahornbäume können sehr hoch werden, so dass eine Leiter das Ernten erleichtert. Ernten Sie nur die jungen zarten Frühlingsblätter, die von April bis Anfang Mai erscheinen. Ältere Blätter sind herb und ungenießbar. Die jungen Blätter dagegen schmecken sogar etwas süßlich. In Streifen geschnitten können Sie sie unter Salate mischen. Oder Sie bereiten daraus ein blattspinatähnliches Gemüse: mit Zwiebeln in Öl angedämpft und mit Sahne abgeschmeckt.

Die großen Blätter erinnern an die Blätter der Weinrebe, die in der Mittelmeerregion und im Orient gerne mit Reis oder Hackfleisch gefüllt werden (Dolmades). Genauso können Sie auch die Ahornblätter einsetzen. Sie werden dazu in eine Salzlösung aus 1 l Wasser und 60 g Salz eingelegt: Stiele der Blätter abschneiden. Blätter portionsweise in kochendem Salzwasser 4 Minuten blanchieren, herausnehmen, abschrecken und abtropfen lassen. Blätter übereinander in ein Glas mit großer Öffnung legen. Salzwasser nochmals aufkochen, Saft von

Sowohl die Blütenbüschel als auch die jungen Blätter des Spitzahorns eignen sich für die Küche.

Auch die Blätter des Bergahorns mit den charakteristisch abgerundeten Blattlappen sind essbar.

einer Zitrone zugeben, Glas mit der Salzlösung bis zum Rand füllen und verschließen. Die Haltbarkeit beträgt etwa acht Monate. Vor Gebrauch mindestens zwei Wochen ziehen lassen.

Ab Mitte April erscheinen die gelbgrünen Blütenbüschel, die sehr mild schmecken. Sie können sie unter Salat mischen oder sie werden in einen Pfannkuchenteig getaucht und in heißem Fett frittiert. Die Blüten passen auch sehr gut in Quark- und Joghurt-Speisen.

Der Spitzahorn führt ähnlich wie der kanadische Zucker-Ahorn *(Acer saccharum)* einen süßen Pflanzensaft. Aus diesem Saft wird in Kanada der berühmte Ahornsirup hergestellt. Dazu wird der Stamm im März vor dem Blattaustrieb in 1 m Höhe angebohrt. Es genügt ein etwa 3 cm tiefes Loch, schräg nach oben gebohrt, mit einem Durchmesser von 1 cm. Hier wird ein passendes Röhrchen eingesteckt und der Saft kann in einen Behälter fließen. Je nach Baumgröße kann täglich 1 l fließen. Damit der Baum keinen Schaden nimmt, verschließen Sie das Loch am Ende mit einem passenden Holzdübel und Baumharz. Der süßliche Saft kann getrunken werden oder er wird auf kleiner Flamme zu Ahornsirup eingedickt. Nicht vergessen: Beim Anzapfen fremder Bäume müssen Sie die Erlaubnis des Eigentümers einholen!

Die unreifen, noch weichen Flügelfrüchte des Ahorns können Sie in einer Pfanne als Gemüse anbraten. Machen Sie das aber nur mit den Früchten von Spitzahorn und

Feldahorn. Der Samen des Bergahorns enthält leicht giftige Aminosäuren.

Gesundheits-Check – was ist drin?

Die Blätter des Spitzahorns und auch jene des Feldahorns enthalten außergewöhnlich viel Kalium, sogar wesentlich mehr als die Brennnessel, die für ihren Mineralienreichtum bekannt ist. Kalium ist ein lebenswichtiges Elektrolytsalz, das eine zentrale Bedeutung für das Flüssigkeitsgleichgewicht im Körper hat. Auch der Eisen- und Kalziumgehalt der Ahornblätter sind nicht zu verachten. Die sekundären Pflanzenstoffe in den Blättern wirken positiv bei erhöhtem Cholesterin- und Blutzuckerspiegel.
In der Volksmedizin wurden die Blätter aller Ahornarten zur Wundversorgung genutzt. Ihre Wirkung haben sie dabei vor allem den adstringierenden Gerbstoffen (z. B. Tannine) zu verdanken. Wegen der Gerbstoffe wurde der Blättertee auch bei Durchfall und bei Entzündungen der Mundschleimhäute angewendet (2 TL auf eine Tasse). Man sagte den Blättern eine kühlende Wirkung nach, weshalb sie auf Hautentzündungen, Schwellungen und Insektenstiche gelegt wurden.
In der Gemmotherapie verwendet man die Knospen bei Fieber und bei Muskelschmerzen.

Sicherheits-Check – Verwechslungen ausschließen

Den Spitzahorn können Sie eventuell mit dem Bergahorn *(Acer pseudoplatanus)* verwechseln, dessen Blätter zwar etwas herber sind, aber auch verwendet werden können. Die beiden Bäume unterscheiden sich durch die Blätter und die Früchte. Die gelappten Blätter des Spitzahorns sind deutlich zugespitzt und die Blattstiele enthalten im Frühling einen Milchsaft. Die fünflappigen Blätter des Bergahorns haben abgerundete Lappen und der Stiel enthält keinen Milchsaft. Die Flügelfrüchte des Spitzahorns sind waagrecht gespreizt wie ein Kleiderbügel, während der Bergahorn im rechten Winkel angeordnete Flügelfrüchte hat.
Der kleine strauchartige Feldahorn *(Acer campestre)* hat viel kleinere Blätter und ebenfalls einen Blattstiel mit Milchsaft. Seine jungen Blätter sind sehr delikat und wurden früher wie Sauerkraut eingelegt.

Ahorn-Salat

Für 4 Portionen, 15 Min.

- 200 g junge Ahornblätter
- 100 g Feldsalat
- 50 g Ahornblüten
- 2 EL Olivenöl und 1 EL Kürbiskernöl
- 2 EL Weinessig oder Weißer Balsamico
- 1 TL Sojasoße
- 1 Knoblauchzehe (gepresst)
- 2 TL Dijon-Senf
- Salz, Pfeffer
- 20 g Kürbiskerne

Ahornblätter in grobe Streifen schneiden und mit Feldsalat und Blüten in eine Schüssel geben.

Kürbiskerne in einer trockenen Pfanne anrösten.

Restliche Zutaten zu einer Vinaigrette zusammenrühren und über den Salat geben. Mit Kürbiskernen garnieren.

TIPP Diesen Salat können Sie nur von Mitte April bis Anfang Mai herstellen, da in dieser Zeit die Blätter zart sind und auch gleichzeitig Blütenrispen vorhanden sind.

Ahorn-Dolmades

Für 16 eingelegte Blätter, 50–55 Min.

- 16 eingelegte Ahornblätter
- gewürzte Reisfüllung nach eigenen Vorlieben
- Saft ½ Zitrone
- gewürzte Tomatensauce

Ahornblätter einlegen wie vorne beschrieben (Seite 33)

Die in Salzwasser eingelegten Ahornblätter für 5 Minuten in kaltes Wasser legen und abspülen.

Etwa 1 TL Reisfüllung auf den Blattgrund setzen. Die Blattseiten umschlagen und dann zur Spitze hin einrollen.

Röllchen dicht in eine Auflaufform schichten, mit Zitronensaft beträufeln und mit Tomatensauce übergießen. Bei 150 °C etwa 40 Min. überbacken.

Ahorn-Salat

Ein Strauch mit fiesen Dornen

Berberitze

Gewöhnliche Berberitze
Sauerdorn
Berberis vulgaris
(Berberitzengewächse)

Fund- und Sammelorte: Waldränder, Hecken, Gebüsche

Wuchshöhe: 1–3 m

Verwendete Pflanzenteile: Früchte, (Blätter)

Geschmack: Früchte zitronenartig sauer, Blätter säuerlich wie Sauerampfer

Verwechslung: Gemeiner Bocksdorn (essbar)

Die Berberitze war früher ein häufig anzutreffender Strauch. Alte Kochbücher enthalten deshalb viele Berberitzen-Rezepte. Als man aber 1866 entdeckte, dass die Pflanze Zwischenwirt eines Getreidepilzes ist, wurde sie in vielen Gegenden nahezu ausgerottet. Im Iran wird die Berberitze noch in großem Stil kultiviert, denn sie spielt in der dortigen Ernährung eine wichtige Rolle. Über 10.000 Tonnen werden dort jährlich geerntet.

Im Mittelalter wurde mit Berberitzenzweigen viel Magie betrieben. Man konnte zum Beispiel daraus ein Amulett herstellen, das den Träger davor schützte, von Dornen gestochen zu werden. Der Zweig musste allerdings in der Karfreitagnacht zwischen 23 und 24 Uhr geschnitten werden. Vermutlich sind Ausübende dieses Zaubers bei dieser Aktivität so viel von Dornen gestochen worden wie noch nie zuvor im Leben. Denn die Berberitze hat viele unangenehme spitze Dornen, die selbst Handschuhe durchstechen. So dürfte es im Dunkeln kein Vergnügen gewesen sein, an einer Berberitze zu schneiden.

Ganz schön sauer

Die jungen Berberitzenblätter, im April gesammelt, schmecken angenehm säuerlich, so dass man sie wie Sauerampfer als Salatwürze einsetzen kann. Dazu werden sie kleingeschnitten. In großen Mengen sollten Sie sie aber nicht nutzen, da sie im Gegensatz zu den Früchten geringe Mengen Alkaloide enthalten.

Von August bis September reifen die leuchtenden scharlachroten Früchte. Die länglichen Beeren schmecken ziemlich sauer, was der alte Name Sauerdorn deutlich macht. Es ist jedoch eine angenehme zitronige Säure. Wegen der vielen Säure ist es sinnvoll, die Berberitzen mit süßeren Früchten (Äpfel, Birnen) zu kombinieren, es sei denn, die fruchtige Säure ist pur gewünscht, zum Beispiel als Kompott zu Camembert oder Wild. Wer das saure Aroma etwas abmildern möchte, kann die Früchte vor der Verarbeitung ein paar Tage durchfrieren.

Im Mai schmückt sich die Berberitze mit den traubenförmig angeordneten, leuchtend gelben Blüten.

Die länglichen roten Berberitzenfrüchte enthalten sehr viel Säure.

Beim Ernten sollten Sie auf die spitzen Stacheln achten. Am besten, Sie schneiden die Fruchttrauben als Ganzes ab, anstatt die kleinen Beeren einzeln zu pflücken.

Als Erfrischung können die sauren Beeren direkt vom Strauch gegessen werden. Sie eignen sich zudem vorzüglich für Konfitüren, Gelee und Saft, am besten gemischt mit mildem Obst.

Berberitzensaft ist so sauer, dass man ihn wie Zitronensaft einsetzen kann. Die Samenkerne der Früchte enthalten bittere Bestandteile, so dass es sich bei Konfitüre oder Gelee empfiehlt, die Fruchtmasse durch ein Sieb zu passieren. Man kann die Berberitzen auch zum Aromatisieren von Chutneys, Essig oder Spirituosen verwenden. Sie eignen sich zudem zum Trocknen für Tee oder Müsli. Allerdings hat man dann im Vergleich zum Fruchtfleisch recht große Samenkerne.

Im Iran, wo die Berberitze als Trockenfrucht sehr beliebt ist, gibt es kernlose Züchtungen. Dort gehören sie als Beilage zu einigen traditionellen Reisgerichten. Dazu werden die Früchte in Butterschmalz angebraten.

Gesundheits-Check – was ist drin?

Die säuerlichen Früchte der Berberitze enthalten viel Provitamin A sowie sehr viele Fruchtsäuren. Sie sind auch reich an Vitamin C, Eisen, Kalzium und Kalium. Bezüglich der sekundären Pflanzenstoffe sind die roten Beeren eine kleine Schatzkiste. Sie enthalten zahlreiche Anthocyane, Carotinoide, Phenolsäuren und Flavone. Diese Stoffe besitzen eine starke antioxidative Wirkung und bieten somit präventiven Schutz vor Erkrankungen wie Krebs, Diabetes und Bluthochdruck. Neben blutdrucksenkenden Wirkungen wurden auch entzündungshemmende und leberschützende Wirkungen beobachtet. In der Volksmedizin gab man die Früchte bei Husten und Lungenerkrankungen.

Rinde und Wurzelrinde des Strauches enthalten zahlreiche Alkaloide und sind somit als giftig einzustufen. Aber auch giftige Pflanzen können in der Medizin eine bedeutende Rolle spielen. Neuere Untersuchungen weisen darauf hin, dass das Alkaloid Berberin cholesterin-, blutdruck-, blutzucker- und fiebersenkende Wirkungen besitzt. Auch bezüglich der Alzheimer-Erkrankung wurden positive Effekte beobachtet.

Sicherheits-Check – Verwechslungen ausschließen

Die Gewöhnliche Berberitze kann eventuell mit einigen als Ziergehölze genutzten Berberis-Arten verwechselt werden. Oft findet man in Gärten die Thunberg-Berberitze *(Berberis thunbergii)*, die wegen des prachtvollen roten Herbstlaubes kultiviert wird. Die Zierformen schmecken meist etwas bitterer und haben eventuell auch Alkaloide (Berberin) in den Kernen. Deshalb sollte man sie nicht in größeren Mengen essen. Berberis vulgaris hat sowohl größere Früchte als auch größere Blätter, die auffallend gezähnt sind. Die Blätter der Zierformen sind glattrandig.

Ähnliche länglich-rote Früchte besitzt der Gemeine Bocksdorn *(Lycium barbarum)*, der sehr selten verwildert vorkommt. Früher wurde er als giftig eingestuft; heute sind seine Früchte als Goji-Beeren sehr beliebt und werden als „Superfood“ angesehen. Das aus China stammende Nachtschattengewächs ist wesentlich weniger bedornt als die Berberitze, die mit vielen unangenehmen dreiteiligen Dornen ausgestattet ist. Typisch für die Berberitze ist die gelbe Farbe des Holzes, wenn man die Rinde entfernt. Außerdem blüht der Bocksdorn violett, während die Berberitze gelb blüht.

Persischer Berberitzen-Reis

Für 4 Portionen, 75-80 Min. (mit Einweichzeit)

- 300 g Basmati-Reis
- 2 EL Salz
- 2 l Wasser
- ½ TL Safranfäden (ca. 10 Fäden)
- 3 EL Butterschmalz oder Olivenöl
- 3–4 EL Gemüsebrühe
- 1 Zwiebel
- 1 EL Butterschmalz oder Olivenöl
- 100 g Berberitzen (getrocknet)
- 2 EL Vollrohrzucker oder Honig
- Salz und Pfeffer

Basmati 30 Minuten in kaltem Salzwasser einweichen und zum Kochen bringen. 6-8 Minuten halb gar kochen, abgießen und kalt abspülen. Vor dem Abgießen 2 EL warmes Reiswasser wegnehmen und darin die Safranfäden 5 Minuten einweichen. Dann unter den Reis mischen.

Butterschmalz in einem Topf erhitzen. Mit Safran gefärbten Reis dazugeben. Mit Löffel etwas andrücken und nicht mehr umrühren! Gemüsebrühe darüber gießen und den Topf mit einem Deckel fest verschließen. Bei kleinster Hitze 20 Minuten garen. Dabei bildet sich am Topfboden eine goldbraune Butter-Reis-Kruste (Tah Diq), die unbedingt dazugehört!

Berberitzen 5 Minuten in Wasser einweichen. Zwiebel würfeln und in Fett anbraten. Abgetropfte Berberitzen und Zucker zugeben und kurz braten. Unter den Reis mischen und mit Salz und Pfeffer würzen. Tah Diq vom Topfboden lösen, in 4 Teile schneiden und zusammen mit dem Reis servieren. Dazu passt Hähnchenfleisch oder ein Gemüse-Curry.

Abwehrzauber mit stacheligen Zweigen

Brombeere

Echte Brombeere
Rubus fruticosus
(Rosengewächse)

Fund- und Sammelorte: Laubwälder, Waldränder, Hecken, Gebüsche

Wuchshöhe: 1–3 m

Verwendete Pflanzenteile: Früchte, Blätter, Blüten

Geschmack: Früchte angenehm fruchtig und süß, Blätter herb und adstringierend (d.h. ziehen den Mund zusammen), Blüten duften zart süßlich

Verwechslung: Kratzbeere (essbar), vor der Fruchtbildung mit der Himbeere (essbar)

Wer schon einmal Brombeeren im Wald geerntet hat, kennt die stacheligen Ranken, die sich gerne in Kleidung und Haut verhaken. Genau diese Stacheln haben unsere Vorfahren dazu inspiriert, die abwehrkräftige Pflanze zum Schutzzauber gegen Hexen und angezauberte Krankheiten einzusetzen. So nagelte man einen Kranz aus Brombeerzweigen über die Stalltür, damit das Vieh vor Verhexung geschützt war. Hexen sollten sich in den Dornen verfangen. Um das Ehebett vor Hexerei zu schützen, trafen sich am Vorabend der Hochzeit die Frauen aus der Verwandtschaft und füllten die Bettbezüge des Brautpaares mit neuen Bettfedern. Diese mussten durch einen aus Brombeerzweigen geflochtenen Rost eingefüllt werden.

Auch das Kriechen durch Brombeergestrüpp wurde dazu genutzt, um Zauberei und Krankheiten zu beseitigen. Das Böse sollte sozusagen an den Dornen abgestreift werden. Ehepaaren, die bedingt durch Hexerei zerstritten waren, empfahl man, an drei aufeinanderfolgenden Freitagen gemeinsam auf den Knien durch Brombeeren zu kriechen. Dann werde man sich wieder vertragen.

Ziemlich stachelig, aber ein beeriger Genuss

Im April können Sie die ganz jungen hellgrünen Blätter ernten. Die Stacheln am Blattstiel sind dann noch ganz weich. Die Blätter eignen sich feingehackt sehr gut für Salate oder als spinatähnliche Zubereitung (z.B. gemischt mit Brennnesseln). Junge Frühlingsblätter nimmt man auch für einen schmackhaften »Haustee«. Ältere Blätter schmecken unangenehm adstringierend. Sie werden wegen der vielen Gerbstoffe jedoch für Heilzwecke gesammelt. Ab Mai/Juni beginnt die Blüte. Die fünfzähligen Blüten (weiß bis blassrosa) eignen sich für einen feinen Tee.

Die glänzend schwarzen Früchte erscheinen von August bis September. Sie sind kleiner als die Gartenbrombeeren, aber viel aroma-

Sowohl Blüten als auch junge Blätter eignen sich vorzüglich für einen Kräutertee.

Erst wenn sich die schwarzen Früchte leicht abzupfen lassen, sind sie richtig ausgereift.

tischer. Das Ernten im stacheligen Gestrüpp ist eine Herausforderung, aber es wird mit einem unglaublichen Geschmackserlebnis belohnt. Achten Sie darauf, nur reife, tiefschwarze Beeren zu ernten; jene Beeren, die sich kaum ablösen lassen, sind meist noch unreif und sauer.

Die empfindlichen saftigen Beeren müssen schnell verarbeitet oder zur Konservierung eingefroren werden. Am besten, Sie genießen sie roh, entweder pur, gezuckert oder in Joghurt, Quark und Obstsalat. Die aromatisch-süßen Früchte eignen sich aber auch vorzüglich für Smoothies, Saft, Eis, Fruchtsauce, Konfitüre, Gelee, Essig oder Likör. Nutzen Sie dazu die Basisrezepte (Seite 14). Die Früchte können zudem wunderbar in Kuchen verarbeitet werden. Trotz des hohen Saftgehaltes lassen sich die Beeren auch trocknen und für Müsli oder Früchtetee einsetzen.

TIPP Aus Brombeerblättern können Sie einen Tee herstellen, der geschmacklich an Schwarztee erinnert. Sammeln Sie junge Blätter und lassen Sie sie fermentieren: Die Blätter auf ein Baumwolltuch legen und mit dem Nudelholz einige Minuten kräftig anquetschen. Das Tuch fest zusammenrollen und in einen Plastikbeutel geben. Verschlossen drei Tage an einem warmen Platz lagern. Die schwarz verfärbten feinduftenden Blätter auspacken und rasch trocknen lassen (Backofen oder Trockner bei 40 °C).

Gesundheits-Check – was ist drin?

Die Brombeerfrüchte sind kleine Vitaminbomben: Sie liefern vor allem Provitamin A (ß-Carotin), welches unter anderem für den Sehprozess wichtig ist, und Vitamin E, das uns vor Zellschädigungen schützt. Die kleine Beere punktet auch mit einem beachtlichen Anthocyangehalt von durchschnittlich 170 mg/100 g. Diese schützen uns vor den aggressiven freien Radikalen, die unsere Zellen schädigen und zu Krebs führen können. Außerdem haben die in Brombeeren enthaltenen Anthocyane eine gefäßschützende Wirkung. In der Volksmedizin gilt erwärmter Brombeersaft als gutes Mittel gegen Heiserkeit.

Brombeerblätter sind schon lange Bestandteil der Pflanzenmedizin: Wegen ihres Gerbstoffgehaltes verwendet man sie bei Durchfall und bei Schleimhautentzündungen in Mund und Rachen. In der mittelalterlichen Volksmedizin wurden die Blätter auch zur Wundversorgung und gegen Husten eingesetzt. Neuere Forschungen belegen eine antidiabetische Wirkung der Blätter. Der Blättertee wird mit 2 TL pro Tasse dosiert. Hierzu sammelt man ältere gerbstoffhaltige Blätter. In der Gemmotherapie nimmt man die Knospen der Brombeere, um die Atemwege zu befreien.

Sicherheits-Check – Verwechslungen ausschließen

Die schwarze Brombeerfrucht hat keinen giftigen oder ungenießbaren Verwechsler. Alle ähnlich aussehenden Rubus-Arten sind genauso nutzbar. Die Brombeere ist selbst für Botaniker eine Herausforderung, denn es gibt zahlreiche Unterarten, Regionalarten, Formen, Varietäten und Hybriden, die oft nur unter dem Mikroskop zu bestimmen sind. Eine gut unterscheidbare Rubus-Art ist z. B. die kleinwüchsige Kratzbeere *(Rubus caesius)*. Sie hat nadelartige dünne Stacheln und ihre kleinen Früchte sind meist bläulich bereift.

Beim Blättersammeln im Frühling sind noch keine Früchte zur Bestimmung sichtbar. So könnte es eventuell zu Verwechslungen mit der ebenfalls stacheligen Himbeere *(Rubus idaeus)* kommen. Beide haben 3–5-fach gefiederte Blätter. Eine Verwechslung wäre nicht schlimm, da Heilwirkung und Geschmack der beiden nah verwandten Pflanzen sehr ähnlich sind. Himbeerblätter sind jedoch unterseits weißfilzig behaart und bei der Brombeere ist die Mittelrippe der Blätter an der Unterseite mit Stacheln besetzt.

Brombeer-Eis im Mixer

Für ca. 4 Portionen, 5–10 Min.

- 300 g Brombeeren (tiefgefroren)
- 150 g kalte Sahne
- 50 g Naturjoghurt (gut gekühlt)
- 80 g feiner Zucker (oder Kokosblütenzucker)
- 2 Messerspitzen Vanille
- 50 g Kokosflocken

Kokosflocken in einer trockenen Pfanne (ohne Fett) hellbraun rösten, abkühlen lassen.

Alle Zutaten bis auf die Kokosflocken in einen leistungsstarken Mixer geben und 30–50 Sekunden mixen (mittlere Drehzahl).

Das Eis hat nun eine cremig feste Konsistenz und kann mit den Kokosflocken serviert werden; für mehr Festigkeit können Sie es noch eine Stunde in den Gefrierschrank stellen.

TIPP Frieren Sie die Brombeeren einzeln auf einem Kuchenblech ein, damit sie sich im Mixer gut und schnell zerkleinern lassen.

Brombeer-Apfel-Crumble

Für 4 Portionen, 50 Min.

- 400 g Brombeeren
- 2 Äpfel
- 40 g Vollrohrzucker
- 2 EL Orangensaft
- 30 g Haferflocken
- ½ TL Zimt

Streusel:

- 120 g Mehl
- 60 g Mandeln (fein gemahlen)
- 80 g Vollrohrzucker
- 100 g Butter
- 2 Messerspitzen Vanillepulver

Äpfel schälen und in kleine Würfel oder Scheiben schneiden. Mit Brombeeren, Zucker, Saft, Haferflocken und Zimt vermischen und in kleine Auflaufformen füllen.

Aus den Streuselzutaten einen Teig kneten, zu Streuseln zupfen und gleichmäßig auf dem Obst verteilen.

Im vorgeheizten Backofen bei 180 °C etwa 25–30 Minuten backen. Lauwarm servieren.

Brombeer-Apfel-Crumble

Der Buchstabenbaum

Buche

Rotbuche
Fagus sylvatica
(Buchengewächse)

Fund- und Sammelorte: Laub- und Mischwälder, Parks

Wuchshöhe: 20–30 m

Verwendete Pflanzenteile: Blätter, Früchte

Geschmack: Blätter angenehm säuerlich, Früchte (Bucheckern) nussig

Verwechslung: Hainbuche (ungiftig)

Sie lesen gerade ein Buch und die satzbildenden Wörter sind aus Buchstaben zusammengesetzt. Was das mit der Buche zu tun hat? Eine Menge! Unsere germanischen Vorfahren ritzten Runen in die glatte Rinde von Buchenstäben. Das Runenalphabet kannte 24 Zeichen. Die Buchenstäbe wurden auf ein weißes Tuch geworfen und drei davon blind aufgenommen. Aus diesen zufällig zusammengefügten Runenzeichen lasen die Priester oder Priesterinnen die Zukunft. Das »Buchstabenlesen« entwickelte sich also aus einem Orakel mit Buchenstäben.

Die Buche war früher ein bedeutender Speisebaum. Der botanische Name *Fagus sylvatica* bedeutet »Essen aus dem Wald«. Die Blätter waren bis ins Mittelalter ein begehrtes Frühlingsgemüse und die Bucheckern nutzte man für Öl und für die Schweinemast. In den sogenannten Mastjahren (Buchen haben nur alle 3–7 Jahre einen reichen Fruchtbehang) trieben die Hirten ihre Schweine zum Mästen in den Buchenwald.

Saure Blätter und nussige Früchte

Ernten Sie vor allem die jungen zarten Frühlingsblätter, die im April und Mai erscheinen. Der Blattrand ist zu diesem Zeitpunkt noch mit feinen Härchen bewimpert, die später verschwinden. Ältere Blätter sind zäh und ungenießbar. Aber die jungen Blätter sind ein Genuss: Sie schmecken angenehm säuerlich, fast wie frischer Sauerampfer. Legen Sie die Blätter feingeschnitten auf Butterbrot oder mischen Sie sie unter Salate. Die zitronensauren Blättchen sind auch beliebt zum Aromatisieren von Likör oder Limonade.

Eine leckere Besonderheit sind die tellerförmigen Buchenkeimlinge, die im Frühling unter Buchen erscheinen. Sie lassen sich leicht aus dem Boden ziehen und schmecken aromatisch-nussig. Roh haben sie eine etwas ledrige Konsistenz, aber gedämpft sind sie außergewöhnlich lecker.

Ab Mitte September reifen die Bucheckern in ihren stacheligen Fruchtbechern, die vom Waldboden aufgesammelt werden können. Zum Essen müssen die dreikantigen Früchte von der rotbraunen Schale befreit werden, was etwas aufwendig ist. Bei der

Die jungen, zarten Buchenblätter haben ein zitroniges Aroma.

Die dreikantigen Bucheckern sind roh unverträglich.

Verarbeitung größerer Mengen hilft es, die Bucheckern mit kochendem Wasser zu überbrühen, damit sich die Schale leichter ablöst. Sie brauchen übrigens nur die äußere, feste braune Schale zu entfernen. Die dünne bräunliche Innenhaut muss nicht entfernt werden.

Der Rohgenuss kann je nach Menge Unverträglichkeiten hervorrufen. Etwa 30 Stück werden ohne Nebenwirkungen vertragen. Die unverträglichen Stoffe (z. B. Fagon) verschwinden jedoch durch Erhitzen. Deshalb werden Bucheckern vor der Nutzung im Backofen oder in einer trockenen Pfanne etwas angeröstet. Das macht sie bekömmlich und intensiviert den mandelartigen Geschmack. So können Sie die Buchenfrüchte über Müsli, Desserts und Salate streuen oder wie Nüsse in Gebäck und Pesto verarbeiten. Früher wurde aus den kleinen fettreichen Früchten ein Öl gepresst, das einen sehr milden Geschmack hat. Wer eine Ölpresse (für den Hausgebrauch) besitzt, kann sich ein Speiseöl herstellen, das es im Handel wohl kaum zu kaufen gibt. In Notzeiten stellte man aus den Bucheckern durch Rösten einen Kaffee-Ersatz her.

Gesundheits-Check – was ist drin?

Die Blätter der Buche sind sehr nahrhaft. Kein Wunder, dass Buchenlaub früher als sehr gutes Viehfutter galt. Sie sind ziemlich proteinreich und enthalten viele wertvolle

Mineralien. Hervorzuheben sind Spitzenwerte bei Kalium, Kalzium und Magnesium. Der Kalziumgehalt ist 2,7-mal so hoch wie der von Spinat. Kalzium ist nicht nur wichtig für den Knochenbau, sondern auch für die Reizübertragung in den Nervenzellen. Auch im Vitamin-C-Gehalt können es die jungen Blätter mit einer Zitrone locker aufnehmen, denn es handelt sich um die 5-fache Menge. Die Blätter enthalten zudem außergewöhnlich viele Polyphenole, die antibakteriell und entzündungshemmend wirken. Sie gelten als gute Radikalenfänger. Außerdem sind ältere Blätter sehr gerbstoffreich, weshalb sie volksmedizinisch bei Entzündungen der Schleimhäute und bei Durchfall eingesetzt werden. Für einen Tee nehmen Sie 2 TL getrocknete Blätter auf eine Tasse heißes Wasser.

Die fetthaltigen Bucheckern (50 %) sind eine richtige Kalium-Spritze (912 mg je 100 g) und auch der Eisengehalt ist nicht zu verachten. Der Kaliumgehalt von Wirsing wird um das 3,6-Fache übertroffen. Kalium ist sehr stark an der Herzfunktion und Blutdruckregulation beteiligt. Gut bestückt sind die kleinen Früchte auch mit Vitaminen der B-Gruppe.

Sicherheits-Check – Verwechslungen ausschließen

Die Rotbuche könnte eventuell mit der Hainbuche *(Carpinus betulus)* verwechselt werden. Das wäre nicht weiter schlimm, denn die Hainbuche ist nicht giftig. Aber ihre Blätter sind auch im jungen Zustand ziemlich herb und bitter. Die Buchenblätter sind am Blattrand wellig, während die Hainbuchenblätter deutlich scharf gesägt sind. Außerdem erscheint das Hainbuchenblatt an den Seitenrippen wie gefaltet. Beim Buchenblatt treten die Blattadern nicht so deutlich hervor.

Die Buche trägt ihre dreikantigen Früchte in einem kleinen stacheligen Fruchtbecher. Die Früchte der Hainbuche sind keine Bucheckern, sondern Flügelfrüchte, die bis zum »Abflug« etagenförmig übereinanderhängen.

Bucheckern-Cookies

Für ca. 25–30 Cookies, 25 Min. (ohne Wartezeit)

- 100 g Bucheckern
- 180 g Dinkelmehl
- 100 g Butter oder Margarine
- 100 g Vollrohrzucker (alternativ brauner Zucker)
- 1 Ei
- 3 Messerspitzen Vanillepulver (oder Zimt)
- 2 TL Backpulver
- abgeriebene Schale einer unbehandelten Zitrone

Geschälte Bucheckern in trockener Pfanne rösten. Im Mixer zu Mehl verarbeiten.

Butter, Zucker und Ei gut schaumig rühren. Mehl, Bucheckern, Backpulver, Vanille und Zitronenschale unterrühren. Für 1 Stunde in den Kühlschrank stellen.

Im Abstand von 6–8 cm kleine Kugeln auf mit Backpapier ausgelegtes Backblech setzen (Cookies laufen beim Backen auseinander). Im vorgeheizten Ofen bei 180 °C 8–10 Minuten backen, bis die Cookies am Rand braun werden. Sie sehen dann noch weich aus, werden aber beim Auskühlen fester!

Wald-Likör

Für 4 kleine Fläschchen (ca. 220 ml), 15–20 Min. (ohne Wartezeiten)

- 250 g ganz junge hellgrüne Buchenblätter
- 3 Stängel blühender Waldmeister
- 700 ml Wodka oder Korn
- 125 g Zucker (alternativ Kokosblütenzucker)
- 100 ml Wasser
- 1 EL Zitronensaft

Frischen Waldmeister mit dem Nudelholz anquetschen und 1 Stunde liegen lassen, damit sich der typische Duft entfalten kann.

Buchenblätter und Waldmeister in ein Glasgefäß geben und mit Alkohol übergießen. 2 Wochen ziehen lassen und abfiltern.

Zucker und Wasser etwa 10 Minuten köcheln lassen. Zum Schluss Zitronensaft zugeben. Falls nötig abschäumen, abkühlen lassen.

Zuckerlösung und Buchenauszug gut mischen und in Flaschen abfüllen. Mindestens 2 Wochen nachreifen lassen.

Wald-Likör

WIDE MOUTH

Ein Geschenk der Römer

Esskastanie

Esskastanie, Edelkastanie
Castanea sativa
(Buchengewächse)

Fund- und Sammelorte: Laubwälder, Parks, Gärten

Wuchshöhe: 10–30 m

Verwendete Pflanzenteile: Früchte, Blätter für Heilkunde

Geschmack: Früchte süßlich und nussig, Blätter adstringierend (d.h. ziehen den Mund zusammen)

Verwechslung: Rosskastanie (ungenießbar, leicht giftig)

Die Esskastanie gelangte vor etwa 2000 Jahren mit den römischen Soldaten und Siedlern über die Alpen und verbreitete sich so im Tessin, in Tirol und entlang des Rheins. Oft finden sich Kastanien in Gebieten, in denen Wein gedeiht, denn auch die Reben waren im Reisegepäck der Römer. Außerdem lieben beide Gewächse ein warmes Klima. In den Anbaugebieten war die Kastanie lange ein Grundnahrungsmittel, sie verlor erst mit der Verbreitung der Kartoffel an Bedeutung. Aus den Wildformen wurden vor allem in Südfrankreich und Norditalien großfruchtige Sorten gezüchtet, die fast doppelt so groß sind wie die Wildformen. Diese Sorten bekamen den Namen Maroni.

Unsere Vorfahren glaubten, man bekomme vom Genuss der Kastanien Läuse, und warnten deshalb vor dem üppigen Verzehr. Das hat einen Grund: Die Esskastanie galt als luststeigernd, was nicht zu den damaligen Moralvorstellungen passte. Der italienische Arzt Matthiolus (1501–1577) warnte, Kastanien machten »geil und unkeusch«, und der englische Arzt Culpeper (1616–1654) sagte, sie würden »die Fleischeslust anstacheln«. So mancher Zeitgenosse wird sich vermutlich für die Läuse entschieden haben.

Schälen und genießen

Im Mai können die gerbstoffhaltigen Blätter für Heilzwecke gesammelt und getrocknet werden.

Ab Ende September beginnen die Kastanienfrüchte zu fallen. In dem stacheligen Fruchtbecher sitzen meist 2–3 Kastanien, die auch Maronen genannt werden. Roh schmecken sie recht fad und etwas bitter, aber durch Kochen in Wasser oder Rösten im Backofen entwickeln sie einen wunderbar nussig-süßlichen Geschmack.

Es ist leider etwas aufwendig, die äußere braune Schale und die innere bittere Haut zu entfernen. Zur Vereinfachung sollten Sie die Kastanien mit einem scharfen Messer kreuzweise einschneiden. Dann werden sie entweder 15–20 Minuten gekocht oder für ca. 20 Minuten bei 220 °C in den Backofen gegeben. Für die Backofenmethode lassen Sie die Früchte vorher 2–3 Stunden in kaltem Wasser liegen. Nun sollten die Maro-

Die Kastanien sitzen in spitz bestachelten Fruchthüllen.

Die frisch gesammelten Früchte sollten innerhalb von 2 Wochen verarbeitet werden.

nen möglichst heiß geschält werden, denn je mehr sie abkühlen, desto schlechter lässt sich die Haut entfernen. Bei der Arbeit wird vermutlich so manche Marone im Mund verschwinden.

Frische Früchte lassen sich leider nicht lange lagern (ca. 2 Wochen). Deshalb ist es sinnvoll, sie zu kochen/rösten und anschließend einzufrieren oder weiterzuverarbeiten. Geröstete Maronen können zu Konservierungszwecken auch zerkleinert, getrocknet und vermahlen werden. Esskastanien können Sie sehr vielseitig nutzen, sowohl für süße als auch für herzhafte Zubereitungen: Sie werden beispielsweise in Zucker kandiert oder in Sirup eingelegt, oder man verarbeitet sie mit Honig zu süßen Brotaufstrichen. Außerdem können sie in Suppen, Nudelteig, Brot und Gebäck eingearbeitet werden. Als Beilage serviert man sie klassisch zu Rotkraut oder Rosenkohl. Sie harmonieren aber auch sehr gut gemischt mit Kürbis, Möhren oder Pastinaken. Oder Sie essen sie einfach pur, direkt aus dem Ofen.

Gesundheits-Check – was ist drin?

Die Kastanienfrüchte enthalten viele Kohlenhydrate (40%) und nur wenig Fett (3%). Außerdem enthalten sie viel Vitamin E und sind reich gesegnet mit Kalium (670 mg/100 g), das unter anderem an der Herzfunktion und der Blutdruckregulierung beteiligt ist. In 100 g Kastanien ist

immerhin ein Drittel der gewünschten Tagesdosis enthalten.
Mit der basischen Wirkung des Kaliums reduziert die Kastanie das Risiko von Herz-Kreislauf-Erkrankungen. Beachtlich ist auch der Gehalt an Vitamin B_1, das vor allem an der Funktion des Nervensystems beteiligt ist.
Die gerbstoffreiche Rinde der jungen Äste wird in der Volksmedizin ähnlich eingesetzt wie die Eichenrinde, also innerlich bei Durchfall und äußerlich bei Hautentzündungen. Auch die Blätter sind sehr gerbstoffreich und enthalten außerdem viele Phenolsäuren. Sie werden im Mai für Tee gesammelt und im Schatten getrocknet. Man nutzt sie zum Gurgeln bei Entzündung der Schleimhäute im Mundraum, und der Tee gilt zudem als gutes Fieber- und Hustenmittel (2 TL Blätter auf 1 Tasse Wasser).
In der Gemmotherapie nimmt man die Knospen der Esskastanie zur Entgiftung und zur Anregung des Lymphflusses.

Sicherheits-Check – Verwechslungen ausschließen

Die braunen Nussfrüchte (Maronen) ähneln im Aussehen den Früchten der Rosskastanie *(Aesculus hippocastanum)*. Beim genauen Hinsehen sind sie aber nicht zu verwechseln: Die kleineren Früchte der Esskastanien sitzen in Fruchthüllen mit feinen scharfspitzen Stacheln, während die Rosskastanie in einem Fruchtbecher mit dicken weichen Stacheln sitzt. Außerdem hat die Rosskastanie große, handförmig gefingerte Blätter, während die Esskastanie ungeteilte lanzettenförmige Blätter besitzt.
Die Rosskastanie ist ungenießbar und leicht giftig. Die unverträglichen Stoffe wurden früher in Notzeiten allerdings in heißem Wasser ausgewaschen, um die stärkereiche Frucht verwenden zu können.

Kastanien-Kürbis-Suppe

Für 4 Portionen, 30–35 Min.

- 1 große Zwiebel
- 4 EL Olivenöl
- 500 g Hokkaido-Kürbis
- 1 l Gemüsebrühe
- 250 g Kastanien (gekocht und geschält)
- 200 ml Kokosmilch
- 40 g Kürbiskerne
- 4 EL Sahne oder Schmand (kann bei veganer Variante entfallen)
- Sojasoße, Pfeffer, Chilipulver, Muskat

Zwiebeln kleinhacken und in 2 EL Öl anrösten.

Kürbis mit einem Löffel entkernen und das Kürbisfleisch würfeln. Zu den Zwiebeln geben und kurz mitdämpfen. Mit Gemüsebrühe ablöschen, zugedeckt 20 Minuten köcheln lassen.

Kokosmilch und ⅔ der Kastanien dazugeben, alles fein pürieren. Mit Gewürzen abschmecken.

Restliche Kastanien grob zerkleinern und zusammen mit Kürbiskernen im restlichen Öl anbraten.

Suppe garniert mit Kastanien, Kürbiskernen und je 1 EL Schmand servieren.

Maronen mit Rosenkohl

Für 4 Portionen, 25–30 Min.

- 400 g Kastanien (gekocht und geschält)
- 500 g Rosenkohl
- 4 EL Öl
- 500 g Rosenkohl
- 100 g Räuchertofu
- 1 TL Senfkörner
- 1 Schalotte
- 1 EL Sojasoße
- Salz, Pfeffer, Muskat

Rosenkohl putzen, am Strunk kreuzweise einschneiden und in Salzwasser in ca. 10 Minuten weichkochen.

Senfkörner in Öl anbraten und feingeschnittene Schalotte sowie gewürfelten Tofu zugeben. Gut andünsten und mit Sojasoße ablöschen.

Dann Rosenkohl und Kastanien unterziehen und würzen.

Maronen mit Rosenkohl

Ersatz für Rosinen und Notration für Indianer

Felsenbirne

Gewöhnliche Felsenbirne
Amelanchier ovalis
(Rosengewächse)

Fund- und Sammelorte: Waldränder, felsige Hänge, Gebüsche, Parks, Gärten

Wuchshöhe: 1–3 m

Verwendete Pflanzenteile: Früchte

Geschmack: Früchte mild und fruchtig-süß mit Heidelbeeraroma

Verwechslung: verschiedene Felsenbirnen-Arten (essbar), Faulbaum (leicht giftig)

In Gegenden, wo die Gewöhnliche Felsenbirne häufiger vorkommt, wurden die Früchte früher gerne getrocknet. Man nahm sie als Ersatz für die damals teuren Rosinen. Daher kommen auch die alten Volksnamen für die Felsenbirne wie »Rosinenstrauch« oder »Korinthenbaum«. Die Früchte waren im Mittelalter so beliebt, dass man die Felsenbirne als Obstgehölz in den Garten holte – eine Tradition, die leider in Vergessenheit geriet, an die man aber wieder anknüpfen könnte. Das hätte nicht nur kulinarische und gesundheitliche Vorteile: Der Strauch ist durch seine auffallenden Frühlingsblüten und die intensive Herbstfärbung seiner Blätter auch eine Zierde für jeden Garten.

Die amerikanischen Felsenbirnen-Arten wurden von den Indianern als Nahrungsmittel genutzt. Sie waren Bestandteil des sogenannten Pemmikans, einer Mischung aus getrocknetem Bisonfleisch, Talg und getrockneten Felsenbirnen-Früchten. Diese Energienahrung wurde vor allem von Nomaden als Reiseproviant genutzt. Gab man Pemmikan in heißes Wasser, hatte man in kurzer Zeit eine nahrhafte Suppe.

Saftig-süßer Genuss

Wildbeeren sind oftmals nicht für den Frischverzehr direkt vom Strauch geeignet, da sie beispielsweise herb (Schlehe) oder sauer (Sanddorn) schmecken. Darüber müssen Sie sich bei den Felsenbirnen keine Gedanken machen. Voll ausgereift schmecken sie süßlich, wobei sie nicht nur optisch an Heidelbeeren erinnern. Auch ein leichtes Bittermandel-Marzipan-Aroma ist herauszuschmecken.

Die Früchte reifen im Juli und August. Mit zunehmender Reife werden sie weicher und süßer. Im reifen Zustand sind die kugeligen Früchte dunkelrot bis schwarz-blau gefärbt. Bei der Ernte sollten Sie pünktlich zur Stelle sein, denn die Beeren sind auch bei den Vögeln sehr beliebt und werden meist schon weggepickt, bevor sie richtig reif sind. Die Beeren sind im botanischen Sinne eigentlich keine Beeren, sondern eher kleine Äpfelchen, denn die Felsenbirne gehört zu den Kernobstgewächsen.

Sie können die süßen Früchte einfrieren oder zu Marmelade, Gelee, Saft, Sirup,

Die Felsenbirne entfaltet ihre weißen Blüten vor dem Laubaustrieb.

Die heidelbeergroßen Früchte der Felsenbirne schmecken angenehm süß.

Smoothie und Likör verarbeiten. Da den kleinen Früchten die Säure fehlt, empfiehlt sich bei Marmelade oder Gelee eine Mischung mit säuerlichen Äpfeln oder mit Johannisbeeren. Durch den hohen Gehalt an Pektinen bräuchten Sie beim Marmeladekochen theoretisch gar kein Geliermittel. Allerdings benötigt man bei dieser Methode relativ lange Kochzeiten, um die Pektine zu aktivieren. Das ist wiederum für viele Vitamine nicht optimal.

Die kleinen, saftigen Früchte eignen sich auch als Kuchenbelag oder als Zutat in Obstsalaten und Quark-Desserts. Getrocknet verwendet man sie wie Rosinen zu Müsli oder als Zugabe in Früchtetee. In Kanada wird aus den dort heimischen Felsenbirnen auch Wein und Bier hergestellt.

Gesundheits-Check – was ist drin?

Die Gewöhnliche Felsenbirne und ihre amerikanischen »Verwandten« haben einen sehr hohen Eisengehalt. Mit Vitamin C können die süßen Früchtchen zwar nicht punkten, dafür aber mit sehr viel Vitamin E. Davon haben sie etwa neunmal so viel wie Süßkirschen. Sie besitzen auch zahlreiche Polyphenole, wobei die heimische Felsenbirne sich besonders hervortut. Ihr Anthocyangehalt ist etwa genauso hoch wie jener der Kultur-Heidelbeere (200 mg/100 g). Die Anthocyane gehören zu den Antioxidanzien, die unser Immunsystem unterstützen und vorbeugend gegen Herz-Kreislauf-Erkrankungen sowie Krebserkrankungen wirken. Ähnlich wie Äpfel enthalten Felsenbirnen sehr viel Pektin, einen Stoff, der nicht nur das Gelieren von Marmelade unterstützt, sondern auch unsere Verdauung.

Manchmal wird in der Literatur auf die Blausäureverbindungen in den kleinen Kernen hingewiesen. Aber keine Angst, diese Stoffe, die auch in den Apfelkernen vorkommen, sind nur in geringen Spuren vertreten. Sie werden nur freigesetzt, wenn man die Kerne komplett zerbeißt. Schaden könnte Ihnen nur eine sehr große Menge, und diese aufzunehmen ist praktisch unmöglich.

Sicherheits-Check – Verwechslungen ausschließen

Es gibt einige Felsenbirnen-Arten aus Nordamerika, die bei uns als Ziergehölze oder Obstgehölze in Parks und Gärten angebaut werden. Dazu gehören zum Beispiel die Kupfer-Felsenbirne *(Amelanchier lamarckii)* oder die in Amerika und Kanada sehr beliebte Saskatoon-Beere *(Amelanchier alnifolia)* oder die Kahle Felsenbirne *(Amelanchier laevis)*. Alle sind essbar. Die strauchartig oder als kleine Bäume wachsenden Felsenbirnen zeichnen sich durch ihre weißen sternförmigen Blüten und ihre süßen Früchte aus. Diese reifen von rotviolett zu blauschwarz. Die heimische Felsenbirne hat etwas kleinere Früchte als ihre nordamerikanischen Geschwister.

Der Faulbaum *(Frangula alnus)* besitzt ebenfalls erbsengroße schwarze Früchte. Diese sitzen jedoch nicht in Büscheln vereinigt an langen Stielen, sondern kurzgestielt direkt in den Blattachseln. Außerdem haben ihre Früchte im Gegensatz zur Felsenbirne nicht die typischen vertrockneten Kelchreste, die wie kleine Kronen obenauf sitzen. Faulbaumbeeren schmecken unangenehm bitter und können Übelkeit, Erbrechen und Durchfall verursachen.

It's tea time: Scones

Für ca. 12 Scones, 35 Min. (ohne Wartezeiten)

- 120 g Felsenbirnenfrüchte (getrocknet)
- 180 ml Milch (oder Reismilch)
- 300 g Vollkornmehl
- 1 EL Backpulver
- 60 g Vollrohrzucker (oder Zucker)
- 90 g Butter (oder Margarine)
- 1 Ei (kann entfallen, dann aber 100 ml Milch)
- ½ TL Zimt

Felsenbirnenfrüchte ca. 2–3 Stunden in Milch einweichen.

Alle weiteren Zutaten rasch zu einem Teig verkneten. Zum Schluss Felsenbirnen und Milch dazugeben. 30 Minuten kaltstellen. Ist der Teig zu weich, noch etwas Mehl einarbeiten.

Teig auf bemehlter Fläche 2–3 cm dick ausrollen. Mit rundem Ausstecher Kreise ausstechen (5–6 cm Durchmesser).

Auf Backblech setzen und bei 180 °C im vorgeheizten Backofen etwa 15–20 Minuten backen.

TIPP Wenn Sie die Scones nach dem Ausstechen für 1 Stunde kühlstellen, behalten sie beim Backen besser ihre Form.

Gelee aus Felsenbirnen

Für 5–6 Gläser (250 ml), 20 Min.

- 800 g Felsenbirnen
- 200 g Himbeeren
- ca. 250 ml Apfelsaft
- 500 g Gelierzucker 2:1
- Saft ½ Zitrone
- 2 Messerspitzen Zimt

Felsenbirnen und Himbeeren mit 150 ml Apfelsaft bei geringer Hitze in 5–10 Minuten weichkochen. Dabei die Früchte zerdrücken. Den weichen Fruchtbrei durch ein feines Sieb passieren.

Das Fruchtmark mit restlichem Apfelsaft auf 1 l auffüllen. Mit Gelierzucker, Zitronensaft und Zimt mischen und zum Kochen bringen. Nach 3 Minuten heiß in saubere Gläser füllen und verschließen.

Sollten Sie es bevorzugen, mit anderen Geliermitteln oder Süßmitteln (z. B. Honig, Agavendicksaft) zu arbeiten, dann informieren Sie sich bei den Basisrezepten (Seite 14).

Scones

Der häufigste Waldbaum

Fichte

Gewöhnliche Fichte
Picea abies
(Kieferngewächse)

Fund- und Sammelorte: Nadel- und Mischwälder, Parks

Wuchshöhe: 30–50 m

Verwendete Pflanzenteile: Triebspitzen, Nadeln, junge Zapfen

Geschmack: Triebspitzen zitronenartig, Nadeln typisches Nadelbaumaroma

Verwechslung: Tanne (essbar), Douglasie (essbar), Eibe (sehr giftig)

Die Fichte müsste eigentlich jeder schon einmal gesehen haben, denn sie ist der häufigste Baum des deutschen Waldes. Etwa 26 % der Waldfläche nimmt sie in Anspruch. Die Tanne ist im Vergleich dazu mit 2 % viel seltener anzutreffen. Fichten und Tannen werden gerne verwechselt oder gar nicht unterschieden. So werden die auf dem Waldboden liegenden Fichtenzapfen in der Regel als »Tannenzapfen« bezeichnet. Tannenzapfen fallen im Gegensatz zu Fichtenzapfen aber nicht als Ganzes vom Baum, sondern die Schuppen fallen einzeln ab.
Die Fichte nutzte man früher in der magischen Medizin gerne, um Krankheiten zu übertragen. Der mächtige Baum war vor allem beim Übertragen von Zahnschmerzen und Gicht gefragt. Dabei wurden Beschwörungsreime genutzt, die zeigen, dass der Baum einst als beseeltes Wesen angesehen wurde:

»Guten Morgen, Frau Fichte, da bring ich dir die Gichte, ich hab sie gehabt dieses Jahr, du sollst sie nun haben immerdar.«

Das Ganze funktionierte nur kurz vor Sonnenaufgang und wenn man drei Tropfen seines Blutes in eine Baumspalte gab.

Das Aroma des Waldes

Von Mitte April bis Ende Mai erscheinen an den Fichtenzweigen die hellgrünen Triebspitzen, die sich farblich gut von den dunkelgrünen Nadeln abheben. Probieren Sie die Triebe direkt vom Baum und Sie werden überrascht sein über das säuerlich zitronige Aroma, das man von einem Nadelbaum gar nicht erwartet. Es ist eine Geschmacksmischung aus Zitrone und Harz.
Die jungen Triebe sind im Gegensatz zu den Nadeln noch ganz weich. Ältere Nadeln sind sehr herb im Geschmack. Sie können daraus jedoch noch einen guten »Wald-Tee«

Die hellgrünen Triebspitzen enthalten reichlich Vitamin C.

Zapfen findet man nur unter dem Fichtenbaum, denn Tannenzapfen fallen nicht als Ganzes ab.

kochen, mit dem typischen Nadelbaumaroma. Bedenken Sie beim Ernten größerer Mengen, dies mit dem Eigentümer oder dem Förster abzusprechen.

Sie können die jungen Fichtenspitzen vielseitig verarbeiten und ihre Gäste mit einem ganz besonderen Aroma überraschen: Entweder Sie kochen daraus Gelee und Sirup oder Sie aromatisieren damit Spirituosen, Likör, Essig und Limonade. Fichten-Sirup ist einerseits eine wohlschmeckende Medizin bei Husten, andererseits kann man damit auch Cocktails, Eis oder Desserts verfeinern. Fein gehackt können Sie die Fichtenspitzen als Gewürz sowohl zu Salaten als auch zu Süßspeisen geben. Eine besondere Delikatesse ist das Eintauchen in geschmolzene Zartbitterschokolade. Einfach kühlstellen und nach etwa einer Stunde genießen. Schokolierte Fichte ist auch eine dekorative Zierde auf Eis oder Quark- und Joghurtspeisen.

Die jungen, noch grünen Zapfen sind mit ihrem aromatischen Harzaroma ein wunderbarer Geschmacksgeber für Likör. Doch die Ernte ist auf den bis zu 50 m hohen Bäumen eher schwierig. Der im reifen Zapfen sitzende Samen kann geröstet werden, um ihn dann über Müsli und Salate zu streuen. Es ist allerdings sehr aufwendig, die kleinen Samen aus den Zapfen zu holen und von der Flügelhülle zu befreien.

Sie können grundsätzlich alle heimischen Nadelbäume verwenden, wobei Fichte und Douglasie die schönsten Aromen haben. Aber auch Tanne, Kiefer, Lärche, Zirbelkiefer, Schwarzkiefer können Sie verwenden. Die einzige Ausnahme ist die Eibe (siehe Sicherheits-Check).

Gesundheits-Check – was ist drin?

Vor allem die weichen hellgrünen Triebspitzen der Fichte enthalten sehr viel Vitamin C und ß-Karotin (Provitamin A). Der Vitamin-C-Gehalt übertrifft mit 200 mg/100 g den der Orange um das Vierfache! Ältere Nadeln enthalten weniger Vitamin C, aber dafür mehr ätherisches Öl. Interessant ist auch der relativ hohe Eisengehalt, zumal es bei diesem Spurenelement in Teilen der Bevölkerung eine Mangelversorgung gibt. Eisenmangel äußert sich unter anderem in Müdigkeit, Leistungsschwäche und trockener Haut. Durch den hohen Vitamin-C-Gehalt der Fichtentriebe wird das pflanzliche Eisen im Körper besser resorbiert.

Für die Heilwirkung der Fichtentriebe und -nadeln ist vor allem das ätherische Öl verantwortlich. Die Fichte wirkt schleimlösend, antiseptisch und durchblutungsfördernd. Deshalb liegt das Hauptanwendungsgebiet für die innerliche Einnahme bei den Atemwegserkrankungen und für äußerliche Einreibungen (z. B. Franzbranntwein) bei Rheuma und Muskelschmerzen. Für einen Hustentee aus Fichtenspitzen nehmen Sie 3 TL frische Triebe auf eine Tasse heißes Wasser. In der Phytomedizin wird auch das ätherische Nadelöl der Fichte sowie das Harz der Fichte genutzt.

Sicherheits-Check – Verwechslungen ausschließen

Die Fichte ist auf den ersten Blick mit Tanne *(Abies alba)*, Douglasie *(Pseudotsuga menziesii)* und der giftigen Eibe *(Taxus baccata)* zu verwechseln. Tanne und Douglasie können Sie genauso verwenden, wobei beide mit etwas mehr bitteren Anteilen aufwarten.

Die Fichte unterscheidet sich von allen Verwechslern dadurch, dass sie stechend spitze Nadeln hat, die vierkantig sind. Sie sind auf allen Seiten gleichmäßig grün. Alle anderen Verwechsler haben flache und biegsame Nadeln. Tanne und Douglasie besitzen gut sichtbar auf der Nadelunterseite zwei länglich weiße Wachsstreifen, während die Eibe hellgrüne Streifen an der Nadelunterseite hat. Die flachen Nadeln der Eibe sind vorne zugespitzt, jene der Tanne sind an der Spitze stumpf und eingekerbt. Douglasiennadeln riechen fein nach Orangen, Tannennadeln nach Harz und die Eibe hat keinen Harzgeruch. 50–100 g Eibennadeln sind tödlich!

Eis mit Fichtenspitzen

Für 4 Portionen, 10 Min. (ohne Wartezeiten)

- 4 Bananen
- 30 g Fichtenspitzen
- 200 g Joghurt oder Sojajoghurt (gut gekühlt)
- 50 g feiner Zucker (alternativ Kokosblütenzucker)
- 2 Messerspitzen Vanillepulver

Bananen in Scheiben schneiden und über Nacht einfrieren.

Zucker in den Mixer geben und pulverisieren. Bananen und restliche Zutaten dazugeben und maximal 30–50 Sekunden mixen bei mittlerer Drehzahl.

Das Eis hat nun eine cremige Konsistenz und sollte gleich serviert werden. Sie können es zum Festwerden noch für 1 Stunde in den Gefrierschrank stellen.

Dekorieren Sie das Eis mit schokolierten Zartbitter-Fichtenspitzen.

TIPP Bananenscheiben einzeln auf einem Kuchenblech einfrieren, damit sie sich gut zerkleinern lassen. Das Ergebnis wird umso besser, je kälter die Zutaten sind.

Fichtenspitzen-Likör (Maiwipferl-Likör)

Für 4–5 kleine Fläschchen (250 ml), 15 Min. (ohne Auszugszeit)

- 150 g junge Fichtentriebe
- 1 l Korn
- 175 g Zucker
- 175 ml Wasser

Fichtenspitzen mit Alkohol übergießen und 3–4 Wochen ziehen lassen. Den Ansatz filtrieren.

Zucker und Wasser zum Kochen bringen und 10 Minuten köcheln lassen. Nach dem Abkühlen unter den Fichtenlikör rühren.

In Flaschen abfüllen und vor dem Genuss noch einmal 4 Wochen reifen lassen.

Eis mit Fichtenspitzen

Wünschelruten und Fruchtbarkeit

Haselnuss

Gewöhnliche Hasel
Corylus avellana
(Birkengewächse)

Fund- und Sammelorte: Laubwälder, Waldränder, Hecken, Gebüsche, Gärten

Wuchshöhe: 2–6 m

Verwendete Pflanzenteile: Früchte, Blätter

Geschmack: Früchte nussig, junge Blätter mild und frisch, leicht adstringierend (d. h. ziehen den Mund zusammen)

Verwechslung: keine

Haselnüsse waren schon bei unseren steinzeitlichen Vorfahren eine wertvolle Sammelnahrung. Deshalb war die Hasel jahrtausendelang ein hochgeachteter Baum, bei den Kelten wurde er als heilig verehrt. Dem Holz schrieb man außergewöhnliche Zauberkräfte zu: Man verwendete gegabelte Haselzweige als Wünschelruten, um Wasseradern, Quellen, Erze und Schätze aufzuspüren. Aber das Haselholz bot auch Schutz vor Gewitter und Schlangen. Deshalb schlug man drei Stifte aus Haselholz ins Dachgebälk, um Blitze abzuleiten, und beim Wandern trug man einen Haselstecken bei sich, der giftige Schlangen abwehren konnte. Nach einer christlichen Legende bekam die Hasel ihre Abwehrkräfte durch die Gottesmutter Maria, die einst unter einem Haselstrauch Schutz vor einem Gewitter fand. Außerdem wurde sie einmal von einer giftigen Natter angegriffen und konnte sich hinter eine Haselstaude retten. Die Haselnuss ist ein uraltes Symbol für Lebenskraft und Fruchtbarkeit. Deshalb assoziierte man die Nüsse in der Volkserotik mit Sexualität. »Nüsse knacken« war ein Synonym für die »Entjungferung« der Frau, was uns in vielen derben Sprüchen und Volksliedern überliefert ist. Auch die Redewendung »in die Haseln gehen« war eine deutliche Anspielung auf vorehelichen Geschlechtsverkehr. Sprüche wie »Der ist wohl aus einer Haselstaude entsprungen« oder »Viel Hasel, viel Kinder ohne Vater« sind deutliche Anspielungen auf uneheliche Kinder.

Nussig gehaltvoll und gesund

Im März/April entfalten sich die jungen Blätter. Wenn sie noch ganz zart sind, schmecken sie sehr gut und eignen sich als Zutat zu Salaten. Außerdem kann man sie als Spinatgemüse zubereiten, zum Beispiel gemischt mit jungen Brennnessel-Trieben. Sie können größere Blätter auch einsetzen wie Weinblätter, indem Sie sie zum Beispiel mit Reis füllen. Dazu werden sie zunächst blanchiert. Nutzen Sie dazu das Rezept für Ahorn-Dolmades (Seite 33). Junge Blätter eignen sich auch sehr gut zum Trocknen

Die ganz jungen Blätter eignen sich für Salat oder Kräutertee.

Die Nüsse sitzen in einer becherförmigen Fruchthülle

für einen schmackhaften Haustee. Ältere Blätter sind nicht mehr zum genussvollen Verzehr geeignet, aber dafür sehr gut für Heilzwecke (siehe Gesundheits-Check).

Ab September reifen die kugeligen Nüsse in ihrer Holzschale. Für Lagerzwecke werden sie in der Schale belassen und noch etwas nachgetrocknet (z.B. in der Sonne ausgebreitet). In einem kühlen trockenen Raum sind sie so 12 Monate haltbar. Erst zum Verzehr werden die Schalen aufgeknackt.

Die leckeren Nüsse sind ganz oder gemahlen vielseitig einsetzbar: zum Frischverzehr, als Müslizutat, als Backzutat für Kuchen und Brote oder für Nussmilch, Nussmus, Nusspesto und Nussbutter. Sie können daraus auch ein wunderbares Öl pressen oder mit gerösteten Nüssen einen Likör aromatisieren. Das Rösten der Nüsse im Backofen (15 Minuten bei 125 °C) intensiviert das nussige Aroma. Außerdem löst sich dabei die braune Außenhaut, die etwas bitter schmeckt. Um sie komplett loszuwerden, werden die Nüsse nach dem Rösten in ein Geschirrtuch gelegt und darin gerieben. Allerdings enthält die Haut durchaus wertvolle Inhaltsstoffe (siehe Gesundheits-Check).

Gesundheits-Check – was ist drin?

Die Haselnussblätter wirken aufgrund der zahlreichen Phenolsäuren stark antioxidativ und antimikrobiell. Die Haselnussfrüchte sind ein wertvoller Lieferant von Fetten

(60 %) und Proteinen (16 %). Die enthaltenen Fette sind überwiegend mehrfach ungesättigte Fettsäuren, die zur Senkung des Cholesterinspiegels beitragen. Außerdem enthalten Haselnüsse absolute Spitzenwerte an Vitamin E, Kalium, Kalzium, Magnesium und Eisen. Das für Herz und Muskeln bedeutsame Magnesium deckt mit 158 mg je 100 g mehr als die Hälfte des Tagesbedarfs. Vitamin E ist ein sehr wichtiges Antioxidans und verhindert die Bildung freier Radikale. Wegen der hohen Energiedichte sollte man die Nüsse jedoch in Maßen genießen: Eine Handvoll am Tag ist beste Nahrung für Gehirn und Nervensystem (Brainfood), denn die Inhaltstoffe fördern Gedächtnisleistung und Konzentration. Leider gehören Nüsse zu den allergenen Nahrungsmitteln, die für einige Menschen nicht verträglich sind.

In der Pflanzenheilkunde nutzt man die gerbstoffhaltigen Blätter vor allem bei Entzündungen der Schleimhäute von Mund und Rachen (Gurgeln und bei Durchfall). Hierfür sammeln Sie von Mai bis Juni ältere Blätter. Früher sammelte man im Februar auch die Blütenkätzchen für einen fiebersenkenden Erkältungstee. Geforscht wird momentan an einem Haselnussnebenprodukt, der dünnen braunen Haselnusshaut: Für sie ist eine überlegene antioxidative Wirksamkeit belegt. Ein Grund mehr, die Nuss mit dem Häutchen zu verspeisen. In der Gemmotherapie verwendet man die Knospen der Hasel bei Atemwegserkrankungen, vor allem bei Bronchitis.

Sicherheits-Check – Verwechslungen ausschließen

Die Haselnuss hat keine wirklichen Verwechsler, denn keine andere heimische Nuss sitzt in der typischen becherförmigen gefransten Fruchthülle. Meist hängen 2–3 dieser Fruchtbecher zusammen. Zur Zeit der Fruchtreife kann man schon die männlichen Blütenanlagen für den Frühling gut erkennen. Ab Februar, lange bevor die Blätter erscheinen, entfalten sie sich als hängende gelbgrünliche Blütenkätzchen. Der Blütenstaub löst bei einigen Menschen Allergien aus.

Die rundlichen bis leicht herzförmigen Blätter sind beidseitig behaart und am Rand deutlich gesägt.

Haselnussmus

Für ca. 2 Gläser (250 ml), 25 Min.

- 500 g Haselnüsse (bei der Nutzung kleiner, weniger leistungsstarker Mixgeräte Menge halbieren)

Haselnüsse 10–15 Minuten bei 125 °C im Backofen rösten. Eventuell die Häute mit einem Handtuch abreiben. Abkühlen lassen.

Nüsse in einen Standmixer geben, darin zunächst fein zu »Mehl« zerkleinern. Dann werden die Nüsse maximal 3 Minuten auf mittlerer Stufe gerührt. Nun tritt das Öl aus und die anfangs trockene Masse wird cremig. Die Nusscreme darf nicht zu heiß werden (maximal 40 °C), sonst trennt sich das Öl ab. Deshalb jetzt einige Minuten abkühlen lassen. Dann noch einmal 2–3 Minuten auf mittlerer Stufe mixen.

Das fertige Nussmus in Gläser abfüllen oder weiterverarbeiten.

TIPP Sie können nach dem gleichen Rezept auch Mandeln oder Walnüsse verarbeiten. Außerdem können Sie das Nussmus mit einem Süßmittel (Agavendicksaft, Ahornsirup, Honig) verfeinern, oder Sie fügen Kakaopulver (40 g) und Vanillepulver hinzu für einen Nuss-Schoko-Aufstrich.

Haselnuss-Pesto

Für 4 Portionen, 15 Min.

- 200 g Haselnüsse
- 150 ml Olivenöl
- 70 g getrocknete Tomaten in Öl
- Saft und abgeriebene Schale einer kleinen unbehandelten Zitrone
- 1 Bund Petersilie
- 1 kleine Chili
- 1 TL Salz
- Pfeffer

Nüsse in einer trockenen Pfanne oder im Backofen anrösten und abkühlen lassen.

Zusammen mit den anderen Zutaten im Mixer pürieren.

Eignet sich als Brotaufstrich oder unter Nudeln gezogen.

TIPP Für ein leckeres Nudelgericht das Pesto mit etwas Sahne (100 ml) verdünnen und in der Pfanne erhitzen. Heiße Nudeln darunterziehen und Parmesan (75 g) dazugeben.

Haselnuss-Pesto

Liebling der Zwerge

Heidelbeere

Heidelbeere, Blaubeere
Vaccinium myrtillus
(Heidekrautgewächse)

Fund- und Sammelorte: Nadelwälder, Mischwälder, Heiden

Wuchshöhe: 15–50 cm

Verwendete Pflanzenteile: Früchte, Blätter für Heilkunde

Geschmack: Früchte süß-aromatisch, Blätter herb-säuerlich

Verwechslung: Rauschbeere (leicht giftig), Preiselbeere (essbar)

Die blaue Beere, wenn mag's verwundern, wurde früher gerne zum Färben eingesetzt. In alten Büchern finden sich Rezepte, nach denen »Karten- und Briefmaler« daraus Tinte herstellten und die »Leinen-und Garnfärber« ihre Stoffe blau färbten. Selbst zum Färben von Wein nutzten unsere Vorfahren die Beeren.

Von den Heidelbeeren glaubte man früher, dass sie dort wachsen, wo die Zwerge ihre interirdischen Wohnungen haben und ihre Schätze horten. Im dichten Gestrüpp waren die geheimen Eingänge gut geschützt. Wer jedoch Heidelbeeren aß, konnte diese Eingänge erkennen und die Goldschätze finden. Möglicherweise waren die Beerenopfer, von denen zahlreiche überliefert sind, den Zwergen und Waldgeistern gewidmet. Denn die ersten drei Beeren, die man entdeckte, wurden als Opfergabe auf einen Stein oder in einen hohlen Baum gelegt, um beim Sammeln unbehelligt zu sein. Außerdem sollte dieses Opfer eine reiche Ernte garantieren. Beim Sammeln heruntergefallene Beeren durften auf keinen Fall aufgehoben werden. Auch sie waren eine Opfergabe an Naturgeister. Im Zuge der Christianisierung galt das Beerenopfer dann der Gottesmutter Maria oder den »armen Seelen«. Nun nannte man die heruntergefallenen Beeren »Muttergottesbeeren«, die man für die Muttergottes liegen ließ.

Blau machen im Wald

Die Heidelbeerblätter können während der Blütezeit von Mai bis Juni für Heilzwecke gesammelt werden.

Die blauschwarzen Beerenfrüchte des kleinen Zwergstrauches reifen von Juli bis August. Sie sind kleiner als die Gartenheidelbeeren, aber wesentlich aromatischer. Auch enthalten sie wesentlich mehr blaue Anthocyane als die Gartenform. Durch diese Farbstoffe färben sich beim Essen die Zähne blau und beim Pflücken die Finger sowie eventuell auch die Kleidung. Es ist also sinnvoll, bei der Sammeltour entsprechende Kleider anzuziehen. Auch beim Verarbeiten kann das »Färbewunder« hartnäckige Spuren hinterlassen.

Am besten schmecken Heidelbeeren frisch geerntet, pur, gezuckert oder in Joghurt und Quark gerührt. Auch als Saft, Fruchtsauce,

Im April erscheinen die kugeligen, grünlich bis rötlich gefärbten Blüten.

Die blauschwarzen Beeren enthalten unglaublich viele gesundheitsfördernde Anthocyane.

Konfitüre oder Gelee sind Blaubeeren ein Genuss. Probieren Sie sie als wunderbare Zutat zu Smoothies, Eis, Kuchen, Muffins oder Pfannkuchen. Es gibt kaum eine Süßspeise, die damit nicht bereichert werden kann.

Außerdem können Sie mit Heidelbeeren wunderbar Essig, Chutneys oder Likör aromatisieren und färben. Selbstverständlich lassen sich die kugeligen Beeren auch sehr gut trocknen und dann für ein leckeres Müsli oder Früchtetee einsetzen.

Den frischen Beeren sagt man übrigens nach, dass sie in größeren Mengen gegessen leicht abführend wirken, während die getrockneten Beeren ein stopfendes Hausmittel bei Durchfall sind.

Gesundheits-Check – was ist drin?

Die Früchte der Heidelbeere sind sehr kalorienarm. Im Vergleich zu anderen Beeren enthalten sie relativ wenig Mineralien und Spurenelemente, aber sie besitzen einen außergewöhnlichen Gehalt an Vitamin E, das uns unter anderem vor Zellschädigungen schützt und nicht umsonst als »Schönheitsvitamin« bezeichnet wird. Das absolute Highlight ist jedoch der hohe Anthocyangehalt von durchschnittlich 650 mg/100 g. Das ist etwa dreimal so viel wie bei Kulturheidelbeeren! Eine besondere Rolle spielen die Anthocyane für die Netzhaut der Augen, denn sie verbessern das Nacht- und Dämmerungssehen. Außer der Holunderbeere erreicht keine andere heimische Wildfrucht diesen Wert, so dass die Heidelbeere das höchste antioxidative Potenzial besitzt. Deshalb haben Heidelbeeren eine vorbeugende Wirkung gegen Krebserkrankungen. Die blauen Beeren enthalten aber noch weitere wertvolle Polyphenole, die die Gefäße schützen und Herz-Kreislauf-Erkrankungen vorbeugen. Studien belegen zudem eine Verbesserung der Blutzuckerwerte, einen positiven Einfluss auf den Cholesterinstoffwechsel und eine Verbesserung der Gedächtnisleistung.

Medizinisch nutzt man die getrockneten Früchte vor allem wegen ihres Gerbstoffgehaltes bei Durchfall und bei Entzündungen der Mund- und Rachenschleimhäute. Die Blätter enthalten das antibakteriell wirksame Arbutin, weshalb sie in der Volksmedizin bei Harnwegsinfekten eingesetzt werden. Außerdem verordnet man sie bei Diabetes und hohem Blutdruck. In der Gemmotherapie nutzt man die antidiabetische Wirkung der Knospen.

Sicherheits-Check – Verwechslungen ausschließen

Die Heidelbeeren können mit der nah verwandten Rauschbeere *(Vaccinium uliginosum)* verwechselt werden, deren Giftigkeit allerdings kontrovers diskutiert wird. Sie wurde nämlich früher gerne zu Kompott verarbeitet und ohne Schaden gegessen. Giftstoffe konnten bislang nicht nachgewiesen werden. Es wird vermutet, dass ein Schlauchpilz, der die Beeren befallen kann, für die möglichen Giftwirkungen (Schwindel, Übelkeit) verantwortlich sein könnte.

Von der Heidelbeere unterscheidet sich die Rauschbeere durch die ganzrandigen blaugrünen Blätter. Die eiförmigen gelbgrünen Heidelbeerblätter sind am Blattrand fein gesägt. Außerdem ist das Fruchtfleisch der Rauschbeere innen grünlich, während die Heidelbeerfrüchte ein blaurotes Fruchtfleisch haben. Auch die Kulturheidelbeeren *(Vaccinium corymbosum)* haben helles Fruchtfleisch.

Ähnliches Aussehen hat auch die essbare Preiselbeere *(Vaccinium vitis-idaea)*, die allerdings rote Früchte entwickelt. Ihre Blätter sind im Gegensatz zu denen der Heidelbeere ganzrandig und am Rand leicht umgerollt. Die herb-säuerliche Preiselbeere kann ebenfalls in der »wilden Küche« verwendet werden.

Heidelbeer-Pfannkuchen

Für 4 Portionen, 40 Min.

- 250 g Dinkelmehl (Vollkorn oder Type 1050)
- 1 TL Backpulver
- 30 g brauner Zucker (oder Kokosblütenzucker)
- 3 Eier
- 2 Messerspitzen Vanillepulver
- 1 Prise Salz
- 350 ml Milch
- 30 g Butter (zerlassen)
- 300 g Heidelbeeren
- Öl, Kokosfett oder Butterschmalz zum Ausbacken
- Puderzucker und Zimt oder Ahornsirup

Mehl, Backpulver, Eier, Milch, Butter und Vanille zu einem glatten Teig verrühren. 15 Minuten ruhen lassen.

Fett in kleiner Pfanne erhitzen, eine Schöpfkelle Teig einfüllen und Heidelbeeren daraufgeben. Unter Wenden ausbacken.

Mit Puderzucker und Zimt bestäubt oder mit Ahornsirup servieren.

Dazu passt auch vorzüglich eine Kugel Heidelbeereis.

Heidelbeer-Creme

Für 4–5 Portionen, 10 Min.

- 500 g Magerquark
- 150 g Naturjoghurt
- 80 g Honig (ersatzweise Agavendicksaft oder Ahornsirup)
- 200 g Schlagsahne
- 3 Messerspitzen Vanillepulver
- abgeriebene Schale einer unbehandelten Zitrone
- 300 g Heidelbeeren
- 2 Bananen

Quark mit Joghurt, Honig, Zitronenschale und Vanille zu einer glatten Creme rühren.

Bananen halbieren und in Scheiben schneiden. Sahne steifschlagen und zusammen mit Bananen und Heidelbeeren unter die Quarkcreme heben.

In Gläser füllen und servieren.

TIPP Sie können Heidelbeereis genauso wie Brombeereis selbst herstellen (Seite 48): Sie nehmen dazu 200 g tiefgefrorene Heidelbeeren, 40 g Zucker, 2 Messerspitzen Zimt, 120 g kalte Sahne, 2 EL geriebene Zartbitterschokolade.

Heidelbeer-Pfannkuchen

Eine Nymphe als Namensgeberin
Himbeere

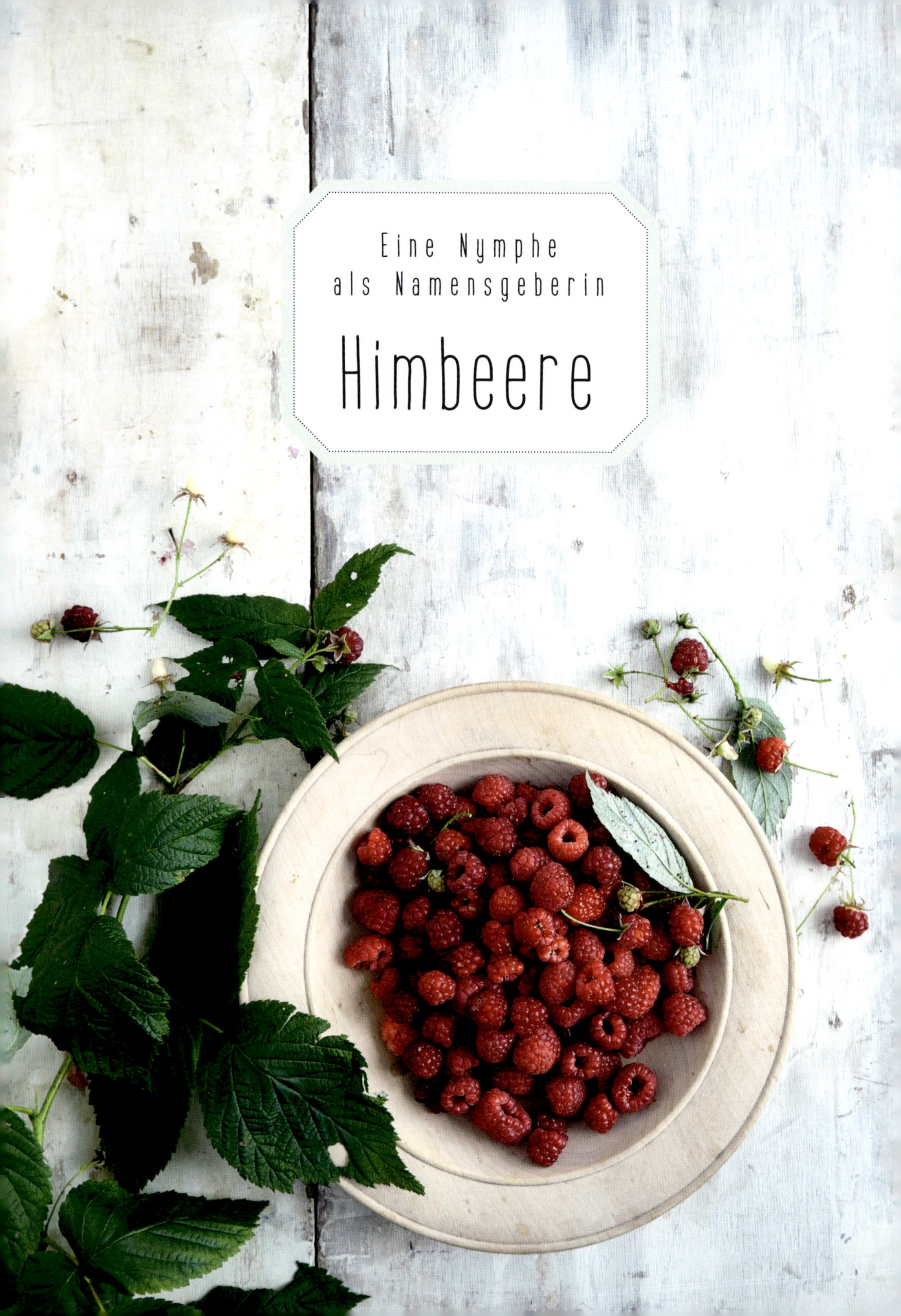

Himbeere
Rubus idaeus
(Rosengewächse)

Fund- und Sammelorte: Laubwälder, Waldränder, Gebüsche

Wuchshöhe: 1–2 m

Verwendete Pflanzenteile: Früchte, Blätter

Geschmack: Früchte angenehm süß-fruchtig, Blätter adstringierend (d. h. ziehen den Mund zusammen)

Verwechslung: im Frühling mit der Brombeere (essbar)

Die süße Himbeere wurde schon vor Jahrtausenden von unseren Urahnen geliebt, was Kernchenfunde in jungsteinzeitlichen Siedlungen belegen. Vermutlich wurde die Wildpflanze im Mittelalter in Gärten kultiviert und durch Auslese züchterisch bearbeitet. Vor allem die Klöster nahmen sich der süßen Beerenfrüchten an und pflegten sie in ihren Obstgärten. Im Jahr 1601 werden erstmals gelbe Himbeersorten beschrieben.

Über die Entstehung der Himbeere im antiken Griechenland gibt es folgende Sage: Die Nymphe Ida war die Amme des künftigen Göttervaters Zeus. Sie musste ihn vor seinem Vater Kronos verstecken, der seine Kinder töten wollte. Damit das schreiende Kind das Versteck nicht verriet, beruhigte sie es mit köstlichen Beeren, die sie aus stacheligem Gestrüpp pflückte. Dabei kratzte sie sich ihre Brust an einem Dorn auf und das heruntertropfende Blut färbte die weißen Beeren für immer rot. Deshalb erhielten die roten Beeren den Namen der Nymphe, der sich noch im botanischen Artnamen *idaeus* versteckt.

Nach einer anderen Sage hat die Himbeere ihren Ursprung auf dem Berg Ida, wo Zeus von Hera verführt wurde.

Die süße Königin der Beeren

Im April können Sie die ganz jungen Himbeerblätter ernten und feingehackt in Salate mischen. Junge Frühlingsblätter eignen sich auch für einen schmackhaften Tee. Die Blätter können auch fermentiert werden (siehe auch Brombeere, Seite 46).

Ältere Blätter schmecken herb und astringierend. Sie werden wegen der Gerbstoffe jedoch für Heilzwecke gesammelt.

Die kleinen purpurroten Früchte reifen von Juli bis September. Sie sind kleiner als die Gartenhimbeeren, aber viel aromatischer. Himbeeren sind mit Abstand die süßesten Wildfrüchte. Nur jene Früchte, die sich leicht vom Blütenboden lösen lassen, sind optimal reif.

Die weichen, empfindlichen Beeren müssen sehr schnell verarbeitet oder zur Konservierung eingefroren werden. Am besten

Sowohl Blüten als auch junge Frühlingsblätter eignen sich für einen wohlschmeckenden Tee.

Wenn die Früchte reif sind, lassen sie sich leicht vom Blütenboden lösen.

genießen Sie die erfrischend fruchtigen Himbeeren roh, entweder pur oder in Joghurt, Quark und Obstsalat. Das Himbeeraroma harmoniert bei Süßspeisen sehr gut mit dem Aroma der Vanille.

Die süßen Früchte eignen sich auch vorzüglich für Smoothies, Saft, Eis, Fruchtsauce, Konfitüre und Gelee. Außerdem können Sie damit wunderbar Essig oder Likör aromatisieren und färben. Oder Sie nutzen sie wie Gartenhimbeeren als wohlschmeckenden Kuchenbelag (z. B. auf einen Biskuitboden und mit Sahne serviert!).

Trotz des hohen Saftgehaltes lassen sich die Beeren auch trocknen und dann für Müsli oder Früchtetee einsetzen. Himbeeren passen übrigens auch sehr gut in Blattsalat: Probieren Sie einen Rucolasalat mit frischen Himbeeren.

Gesundheits-Check – was ist drin?

Die süßen Himbeerfrüchte sind mehr als eine kalorienarme Nascherei: Sie enthalten reichlich Vitamin E, Vitamin C und Vitamine der B-Gruppe (B_5 und B_6). Letztere haben wichtige Funktionen für das Nervensystem und die Abwehrkräfte. Die zahlreichen sekundären Pflanzenstoffe, vor allem Anthocyane und Ellagtannine, erweisen sich als tüchtige Radikalenfänger. Deshalb traut man den Himbeeren eine präventive

Wirkung gegen Herz-Kreislauf-Erkrankungen und Krebserkrankungen zu.
Forscher vermuten, dass der häufige Beerengenuss das Parkinson-Risiko um 40% vermindern kann. In der Volksmedizin gelten die Früchte und der Saft als fiebersenkend und immunstärkend. Sie werden deshalb gerne bei fiebrigen Erkältungen verabreicht.
Die gerbstoffreichen Himbeerblätter werden traditionell bei Durchfall und bei Entzündungen im Mund- und Rachenraum eingesetzt. Außerdem nutzt man den gebärmutterentspannenden Blättertee bei Menstruationsbeschwerden und zur Geburtserleichterung. Viele Hebammen verordnen den Tee zur sanften Geburtsvorbereitung ab der 36. Schwangerschaftswoche. In der französischen Volksmedizin werden die entzündungshemmenden Blätter auch Männern empfohlen, und zwar als Tonikum für die Prostata. Der Blättertee wird mit 2 TL pro Tasse dosiert und sollte 10 Minuten ziehen.
In der Gemmotherapie nutzt man die Knospen der Himbeere ebenfalls bei Menstruationsbeschwerden , aber auch bei Beschwerden der Wechseljahre.

Sicherheits-Check – Verwechslungen ausschließen

Die roten Himbeerfrüchte haben keinen giftigen Verwechlser. Die typische Sammelfrucht besteht bei genauem Hinsehen aus vielen kleinen miteinander verwachsenen Einzelfrüchten. So ähnlich sieht auch die Brombeere aus, allerdings wird diese nicht rot, sondern schwarz.
Wenn der Strauch noch keine Früchte angesetzt hat, könnte man die Blätter mit denen der Brombeere *(Rubus fruticosus)* verwechseln. Beide haben 3–5-fach gefiederte Blätter. Allerdings ist eine Verwechslung nicht problematisch, da beide in gleicher Weise verwendet werden. Himbeerblätter sind unterseits weißfilzig behaart und bei den Brombeerblättern ist die Mittelrippe an der Blattunterseite mit Stacheln besetzt. Überhaupt hat die Brombeere wesentlich größere und kräftigere Stacheln sowie einen unbändigen Trieb, sich durch Ranken auszubreiten.

Himbeer-Likör

Für ca. 4 Fläschchen (250 ml), 20 Min.

- 400 g Himbeeren (frisch oder tiefgefroren)
- 700 ml Himbeergeist (ersatzweise Wodka)
- 250 g Zucker
- 150 ml Wasser
- 1 Vanilleschote

Himbeeren und aufgeschlitzte Vanilleschote in ein großes verschließbares Glas geben. Alkohol darübergießen und verschlossen eine Woche stehen lassen. Gelegentlich vorsichtig umrühren.

Himbeerauszug durch ein feines Sieb abgießen. Nicht auspressen, damit der Likör nicht trüb wird.

Zucker und Wasser aufkochen und 5–10 Minuten köcheln lassen. Sirup 3–4 Minuten abkühlen lassen und noch warm in den Himbeerauszug einrühren. Gut vermischen und in kleine Flaschen abfüllen.

TIPP Kochen Sie aus den abgesiebten Himbeeren z. B. eine leckere Marmelade, indem Sie noch einmal die gleiche Gewichtsmenge frisches Obst zufügen.

Himbeer-Smoothie

Für 4 Portionen, 5 Min.

- 200 g Himbeeren
- 2 Bananen
- 50 g Haferflocken
- 150 g Joghurt (ersatzweise Sojajoghurt)
- 100 ml Milch (ersatzweise Reismilch oder Hafermilch)

Alle Zutaten in den Mixer geben und cremig mixen.

Dasselbe Rezept können Sie auch für Brombeeren oder Heidelbeeren verwenden.

Himbeer-Likör

Der Wohnsitz einer Göttin

Holunder

Schwarzer Holunder
Sambucus nigra
(Moschuskrautgewächse)

Fund- und Sammelorte: Laubwälder, Waldränder, Hecken, Gebüsche, Gärten

Wuchshöhe: 3–7 m

Verwendete Pflanzenteile: Früchte, Blüten

Geschmack: Früchte herb-fruchtig, Blüten süßlich

Verwechslung: Traubenholunder (verwendbar), Zwergholunder (leicht giftig)

Der Holunder war früher ein wichtiger Haus- und Schutzbaum. Der alte Spruch »Ein Holunder am Haus erspart den Arzt« veranschaulicht, dass der heilkräftige Baum einst die Hausapotheke der Bauern war. Aber der Holunder war noch wesentlich mehr: Unsere germanischen Vorfahren vermuteten dort den Wohnsitz einer Göttin, die die Seelen der Verstorbenen hütete und sie zur Wiedergeburt freigab. Deshalb wurde er von Frauen mit Kinderwunsch aufgesucht, in der Hoffnung, eine Kinderseele aufnehmen zu können. Im Märchen von »Frau Holle« finden wir noch Spuren der archaischen Unterweltsgöttin.

Aber auch Kranke pilgerten zu den Holunderbäumen, um dort ihre Beschwerden zurückzulassen. Vor allem Fieber und Gicht glaubte man dort abstreifen zu können. Man ging zum Holunder und band die Krankheit mit einem Faden symbolisch an den Baum oder man rieb sich am Stamm. Begleitet wurde dieses Übertragungsritual von einem Beschwörungsspruch:

> »Flieder, ich hab die Gicht, du hast sie nicht, nimm sie mir ab, so hab ich sie nicht.«

Flieder ist ein alter Volksname für den Holunder.

Dufte Blüten und saftige Beeren

Von Mai bis Juni entfalten sich die großen Blütenteller mit ihrem eigenwilligen Duft, der nicht von allen Menschen gemocht wird. Schon allein mit den Blütenrezepten könnte man ein Buch füllen. Die Blüten eignen sich zur Herstellung von Blütengelee oder -sirup, man kann mit ihnen Limonade, Essig, Bowle, Likör, Zucker, Pudding, Milchshakes und Desserts aromatisieren. Aus ihnen lässt sich sogar ein Sekt herstellen und

Die duftenden Blüten des Schwarzen Holunders besitzen gelbliche Staubbeutel.

Die vitaminreichen schwarzen Früchte müssen vor dem Genuss unbedingt erhitzt werden.

die in Pfannkuchenteig ausgebackenen Blütenteller (Hollerküchle) sind vielerorts eine regionale Spezialität. Aus den getrockneten Blüten lässt sich ein Tee bereiten. Ernten Sie sie an einem sonnigen Mittag, wenn sie voll aufgeblüht sind. Dann haben sie das beste Aroma. Die Blüten werden gerne von Blattläusen und anderen kleinen Insekten besucht, deshalb genau hinschauen.

Die glänzend schwarzen Beeren reifen im August und September. Je vollreifer die saftigen Früchte, desto besser. Aber Vorsicht: Roh sind sie nur in ganz kleinen Mengen genießbar, denn sie enthalten Blausäureglykoside, die Übelkeit hervorrufen. Diese Stoffe bauen sich erst beim Erhitzen ab. Nehmen Sie also keine Beeren für Smoothies und Rohsäfte!

Nutzen Sie die vitaminreichen Früchte erhitzt für Saft, Gelee, Chutney oder zum Aromatisieren von Essig, Punsch und Likör. In manchen Gegenden gibt es traditionelle Rezepte, z. B. für Holunderbeerwein oder Holunderbeersuppe.

Holunderbeeren besitzen einen herb-fruchtigen Geschmack, der sich sehr gut mit süßem Obst wie Äpfeln oder Birnen ausgleichen lässt. Probieren Sie also einen Apfel-Holunder-Saft oder einen Holunder-Birnen-Crumble. Die Beeren eignen sich zudem zum Trocknen für Früchtetee. Bedenken Sie beim Verarbeiten, dass Holunderbeeren auch als Farbstoff genutzt werden können. Sie sollten sich also vor Farbspritzern schützen.

Gesundheits-Check – was ist drin?

Die schwarzen Holunderbeeren sind ein wahres Gesundheitselixier. Sie enthalten sehr viel ß-Karotin und Vitamin E, die beide an der Infektabwehr beteiligt sind. Aus dem Vitamin-B-Komplex sind vor allem die Nervenvitamine B_3 und B_6 vertreten. Außerdem sind sie reich gesegnet mit Kalium und Eisen, welches für die Blutbildung wichtig ist. Ein absoluter Spitzenwert wird bei den als Antioxidanzien bekannten Anthocyanen erreicht, und zwar mit durchschnittlich 750 mg/ je 100 g. Das ist etwa das 11-Fache der Himbeere. Zahlreiche Studien bestätigen, dass die Inhaltsstoffe der Beeren zellschützend, antiviral, immunstimulierend, antidiabetisch und antientzündlich wirken.

Aber auch die duftenden Blüten haben es in sich: Ihre ätherischen Öle und Flavonoide wirken schweißtreibend, fiebersenkend, schleimlösend und stärken die Abwehrkräfte. Sie eignen sich also genau wie der Beerensaft wunderbar zur Prävention und Therapie von Erkältungskrankheiten.

Die Holunderblätter wirken harntreibend und in hoher Dosierung abführend. Sie werden in der Volksheilkunde kaum mehr eingesetzt. Unsere Vorfahren mischten sie gerne in Tees für Frühjahrs- und Fastenkuren.

Sicherheits-Check – Verwechslungen ausschließen

Der Schwarze Holunder kann theoretisch mit zwei verwandten Holunderarten verwechselt werden:

Der Trauben-Holunder*(Sambucus racemosa)* besitzt nicht die schirmartigen flachen Blütenstände des Schwarzen Holunders, sondern seine grünlich gelben Blüten sind in traubenförmigen Rispen angeordnet. Die Beeren sind nicht schwarz, sondern rot. Die Beeren können gut verwendet werden, wenn man sie erhitzt und durch ein Sieb passiert (blausäurehaltige Kernchen!). Der Trauben-Holunder enthält mehr Vitamin C als der Schwarze Holunder.

Der Zwerg-Holunder *(Sambucus ebulus)* ist leicht giftig und kann starken Brechreiz und Durchfälle auslösen. Es handelte sich dabei um eine nicht verholzende Staude, die höchstens 1,50 m hoch wird. Der Strauch des Schwarzen Holunders wird dagegen bis zu 7 m hoch. Die weißen Blütenschirmchen stehen aufrecht und hängen nicht (Schwarzer Holunder). Die Einzelblüten haben purpurrote Staubbeutel und keine gelben (Schwarzer Holunder). Auch die Fruchtstände mit den schwarzen Beeren stehen anders als beim Schwarzen Holunder aufrecht.

Holunderblüten-Sirup

Für 5–6 Flaschen (250 ml), 20 Min. (ohne Ziehzeit)

- 30 Holunderblütendolden (frisch)
- 1 l Wasser
- 1 kg Zucker
- 2 unbehandelte Zitronen (Saft und Schale)
- 1 unbehandelte Zitrone in Scheiben

Wasser und Zucker aufkochen und 5 Minuten köcheln lassen.

Stängel der Holunderdolden abschneiden. Blüten in ein großes Gefäß schichten. Zitronenscheiben, Zitronensaft und Zitronenschale dazugeben. Den noch heißen Sirup (er soll nicht mehr kochen) darübergießen. Gefäß verschließen und an einem warmen Ort 2 Tage ziehen lassen.

Durch feines Sieb oder Tuch abgießen und in einem Topf aufkochen. Heiß in sterile Flaschen abfüllen. Hält sich ungeöffnet etwa 10 Monate. Nach dem Öffnen im Kühlschrank lagern. Ideal zum Süßen und Aromatisieren von Quarkspeisen, Eis, Cocktails, Limonade und Sekt.

Holunderbeersuppe

Für 4 Portionen, 25 Min.

- 1 kg Holunderbeeren (frisch oder gefroren)
- 200 ml Wasser
- 100 ml Apfelsaft
- 1 Zimtstange oder 1 Vanilleschote
- Saft und Schale einer halben unbehandelten Zitrone
- 3 säuerliche Äpfel
- 75 g Vollrohrzucker (alternativ Zucker oder Dicksaft)
- 20 g Speisestärke

Holunderbeeren von den Dolden streifen, mit Zimt (Vanille), Wasser, Apfelsaft und Zitrone zum Kochen bringen und 15 Minuten köcheln lassen. Durch ein feines Sieb streichen und zurück in den Topf geben.

Holundersaft mit geschälten und gewürfelten Äpfeln und Zucker kurz aufkochen.

Speisestärke in 3 EL kaltem Wasser glattrühren und in die Suppe geben. Aufkochen und etwas eindicken lassen. Kaltstellen und als Kaltschale genießen (traditionell mit Grießnocken).

Holunderbeersuppe

Die bescheidene Schwester der Gartenrose

Hundsrose

Hundsrose
Rosa canina
(Rosengewächse)

Fund- und Sammelorte: Waldränder, Wegränder, Hecken, Gebüsche

Wuchshöhe: 1–3 m

Verwendete Pflanzenteile: Früchte, Blätter, Blüten

Geschmack: Früchte fruchtig-säuerlich, Blüten süßlich, Blätter herb

Verwechslung: weitere Wildrosenarten (alle essbar)

Die Hundsrose oder Heckenrose ist die am häufigsten vorkommende Wildrose. Ihre Geschwister im Rosengarten sind bei uns nicht heimisch. Sie kommen ursprünglich aus dem Vorderen Orient und gelangten erst im Mittelalter nach Mitteleuropa. Weil sie im Gegensatz zur Hundsrose einen berauschenden Blütenduft und teilweise gefüllte Blüten besitzen, wurden sie zum Liebling der Gärtner. Aus einer Handvoll Urrosen schufen sie durch Züchtung innerhalb weniger Jahrhunderte fast 40.000 Rosensorten. Die Hundsrose war bei den Germanen trotz bescheidenen Blütendufts eine geachtete Pflanze. Sie umpflanzten damit ihre heiligen Haine. Die dichte Rosenhecke schützte sozusagen den sakralen Bereich. Eine besondere Beziehung zur Wildrose hatte die Liebesgöttin Freya, die auch für die Geburten zuständig war. Deshalb vergrub man selbst noch im christlichen Mittelalter die Nachgeburt unter einem Rosenstock, oder man schüttet das erste Badewasser des Kindes dort aus. Dann, so glaubte man, werde das Kind rote Wangen bekommen und vor Gesundheit strotzen.

Vitamine für die Küche

Die jungen Rosenblätter werden im Frühling (April, Mai) für einen mild schmeckenden Haustee gesammelt. Im Mai und Juni können Sie die zarten Blütenblätter pflücken. Am besten schmecken sie, wenn Sie sie morgens nach dem Aufblühen frisch verwenden. Sie eignen sich als essbare Dekoration und zum zarten Aromatisieren von Zucker, Sirup, Eis, Essig, Blütengelee, Likör oder Tee. Sie können auch kandiert werden. Bei allen Verwendungen ist es möglich, die Blüten von duftenden Gartenrosen unterzumischen.

Von September bis Oktober werden die leuchtend roten Früchte reif – sie heißen Hagebutten, fälschlicherweise wird häufiger auch die ganze Pflanze als Hagebutte bezeichnet. Ernten Sie sie, solange sie noch fest sind. Die Fruchtschalen können roh geknabbert oder übers Müsli geschnitten werden. Allerdings werden die süß-säuerlichen Früchte durch Kochen noch besser im Geschmack. Sie können die vitaminreichen Hagebutten zu Fruchtmus, Fruchtsoßen, Chutneys oder Likör verarbeiten. Sie eignen

Die zarten Blütenblätter eignen sich für Tee und Desserts.

Die leuchtend roten Hagebutten beginnen ab September zu reifen.

sich auch sehr gut für Kuchen und Gebäck, wobei hier auf jeden Fall entkernt werden muss. Die Hagebutten enthalten nämlich Samenkerne, die mit juckenden Härchen besetzt sind. Dieses »Juckpulver« müssen Sie aufwendig mit einem kleinen Löffel aus den halbierten Hagebutten herauskratzen. Bei anderen Verarbeitungsmethoden (Marmelade, Mus) können Sie die ganzen Früchte nehmen und die Härchen werden dann beim Passieren durch ein sehr feines Sieb zurückgehalten.

Bekannt ist auch der fruchtige Hagebuttentee. Wenn Sie ihn durch ein feines Sieb abgießen, können Sie die haarigen Kernchen mitverwenden. Sie schmecken leicht vanilleartig. Zum Trocknen für Tee werden die Hagebutten dann geviertelt.

Probieren Sie die Früchte auch einmal in einer deftige Variante: Stellen Sie ein ungesüßtes Mus (siehe Rezept) her und würzen Sie es mit Zwiebel, Knoblauch, Salz und mediterranen Kräutern, dann können Sie es wie eine Tomatensauce einsetzen. Das ungesüßte Mus passt auch sehr gut in Müsli, Desserts, Kuchenteig und Smoothies.

Gesundheits-Check – was ist drin?

Die Hagebutte gehört zu den absoluten Top-Wildfrüchten. Sie ist eine Vitaminbombe bezüglich der Vitamine A, C und E. Der durchschnittliche Vitamin-C-Gehalt von 1030 mg/100 g übertrifft den der Zitrone

um das Zwanzigfache. Es wurden teilweise sogar Spitzenwerte von über 4000 mg gemessen! Deshalb eignet sich die Frucht wunderbar zur Prävention und Therapie von Erkältungskrankheiten. Erstaunlich ist auch der hohe Anteil der wertvollen Mineralien Kalzium und Magnesium.
Außerdem enthält die Hagebutte zahlreiche wertvolle sekundäre Pflanzenstoffe, die nachweislich Schutz vor Krebs, Diabetes und Bluthochdruck bieten. Dazu gehört unter anderem der antioxidative Stoff Lycopin. Aufsehen erregte die Entdeckung, dass die in den Fruchtschalen befindlichen Galaktolipide und Triterpene stark antientzündlich wirken und hervorragend bei Gelenkbeschwerden eingesetzt werden können. Außerdem sind Habebutten immunstärkend und harntreibend.
Die zarten Blüten wirken adstringierend (zusammenziehend) und werden deshalb volksmedizinisch bei Entzündungen von Mund- und Rachenraum zum Gurgeln eingesetzt. Äußerlich sind sie hilfreich bei Hautproblemen. Die Blätter der Hundsrose besitzen nach neueren Forschungen einen außergewöhnlichen Gehalt an Phenolsäuren und Salicylsäure. Sie sind somit vorzügliche Radikalenfänger.
Die Knospen stärken in der Gemmotherapie das Immunsystem. Das Gemmopräparat wird vor allem Kindern verordnet, die immer wieder krank werden.

Sicherheits-Check – Verwechslungen ausschließen

Die Hundsrose kann eigentlich nur mit anderen Wildrosen verwechselt werden, die Sie alle genauso gut verwenden können. Dazu gehören zum Beispiel die Weinrose *(Rosa rubiginosa)*, die sich durch deutlich sichtbare Drüsenhaare auf Blättern und Blütenstielen unterscheidet. Wenn man die Blätter reibt, entströmt ein feiner Duft, der an Wein erinnert. Auch die Filzrose *(Rosa tomentosa)* ist im Gegensatz zur Hundsrose auf den Blättern filzig behaart.
Typische Merkmale aller Wildrosen sind die mit Stacheln besetzten Zweige, die meist fünffach gefiederten Laubblätter sowie die fünf weiß bis rosa gefärbten Blütenblätter. Im Herbst erscheinen die orangeroten Sammelfrüchte, deren Größe je nach Art variiert. Die aus China eingebürgerte Kartoffel-Rose *(Rosa rugosa)* besitzt beispielsweise sehr große Hagebutten.

Hagebuttenmus (Hägemark)

Je nach Zubereitung: 3–7 Gläser (200 ml), 55–60 Min.

- 1000 g Hagebutten
- 400 ml Wasser
- 200 ml Apfelsaft
- Je nach Zubereitungsart: Süßmittel, Orangensaft, Zitronensaft, Gelierzucker, Zimt

Hagebutten mit Wasser und Apfelsaft bedecken. In 30–40 Minuten weichkochen. Dabei die weichen Hagebutten mit einem Stößel zerquetschen.

Portionsweise durch feines Sieb streichen. Nach Wunsch weiterverarbeiten:

Ungesüßtes Mus: Fruchtmus nochmals erhitzen und heiß in Gläser füllen. Nutzbar für deftige Gerichte.

Gesüßtes Mus: Mus mit der halben Gewichtsmenge Süßmittel mischen, mit Zimt würzen, aufkochen und in Gläser füllen.

Hagebuttenkonfitüre: Mus mit Orangensaft und 2 EL Zitronensaft auf 1 l auffüllen. Mit 500 g Gelierzucker 2:1 aufkochen, 4 Minuten köcheln lassen und in Gläser füllen.

Kürbis-Hagebutten-Gratin

Für 4 Portionen, 70 Min.

- 300 g Hagebutten
- 200 ml Weißwein
- 2 Zwiebeln
- 3 EL Öl oder Butter
- 400 g Hokkaidokürbis
- 300 g Süßkartoffeln
- 100 ml Kokosmilch
- 150 g geriebener Bergkäse
- 250 g Crème fraîche
- 3 Eier
- Salz, Pfeffer, gekörnte Brühe (Hefebrühe)

Hagebutten halbieren, entkernen und gut ausspülen. In einem Topf in Wein in 10 Minuten weich garen.

Zwiebeln klein schneiden, in Fett andünsten. Kürbis und Süßkartoffeln würfeln und dazugeben. Mit Kokosmilch ablöschen und 15 Minuten dünsten. Hagebutten dazugeben und etwas abkühlen lassen.

Eier, Käse und Sauerrahm verrühren und mit Salz, gekörnter Brühe und Pfeffer würzen. Gemüse darunterziehen und in Auflaufform füllen. Bei 200 °C ca. 30 Minuten backen.

Kürbis-Hagebutten-Gratin

Leckere Frucht aus dem Goldenen Zeitalter

Kornelkirsche

Kornelkirsche
Cornus mas
(Hartriegelgewächse)

Fund- und Sammelorte: Laubwälder, Waldränder, Hecken, Parks

Wuchshöhe: 3–6 m

Verwendete Pflanzenteile: Früchte, Blüten

Geschmack: Früchte angenehm süß-säuerlich, Blüten duften honigsüß

Verwechslung: Roter Hartriegel (ungenießbar)

Die Kornelkirsche wurde in der griechischen Antike sehr geschätzt. Zahlreiche Dichter und Philosophen beschrieben damals das Goldene Zeitalter als paradiesische Urzeit, in der die Menschen noch in Frieden zusammenlebten und sich von den Früchten der Natur ernährten. Dabei wird vor allem die Kornelkirsche erwähnt. Aber nicht nur wegen der nahrhaften Früchte, sondern auch wegen des harten Holzes war die Kornelkirsche sehr begehrt. Es galt aufgrund seiner außergewöhnlichen Zähigkeit und Festigkeit als bestes Waffenholz. Man nutzte es für Lanzen, Wurfspeere und Bögen. Der sagenhafte Bogen des Odysseus, den nur er allein spannen konnte, war angeblich aus der Kornelkirsche gefertigt.

Im Mittelalter wurden in den Apotheken getrocknete Kornelkirschen und Kornelkirschenmus verkauft. Unter dem Namen »Ruhrkirschen« galten sie als vorzügliches Mittel gegen Nierensteine, Durchfall und vor allem gegen die »Rote Ruhr«. Diese bakterielle Darminfektion mit blutigem Durchfall war damals sehr verbreitet und gefürchtet.

Süße Marmelade und salzige Oliven

Die kleinen honigduftenden Blüten, die im Februar/März erscheinen, nutzte man früher ähnlich wie Holunderblüten. Sie wurden in einen Eierteig getaucht und in Fett ausgebacken. Man kann mit den Blüten auch Apfelsaft, Tee oder Spirituosen aromatisieren, indem man sie darin ausziehen lässt.

Je nach Lage reifen die Früchte der Kornelkirsche von Ende Juli bis Ende September. Die leuchtend roten Früchte sind äußerst delikat, wenn sie richtig reif sind. Dann schmecken sie angenehm fein-säuerlich und erinnern ein wenig an Sauerkirschen und Rote Johannisbeeren. Unreif sind sie sehr sauer. Die ideale Reife haben sie, sobald sie dunkelrot gefärbt sind und sich ganz leicht vom Stiel lösen. Am besten, Sie legen dann ein Tuch unter den Busch und schütteln kräftig.

Die goldgelben Blüten der Kornelkirsche öffnen sich schon im Februar.

Erst wenn die Steinfrüchte dunkelrot werden lösen sie sich leicht vom Stiel.

Sie können die reifen Früchte pur naschen, einfrieren oder als Kuchenbelag nutzen. Sie lassen sich zudem wunderbar zu Marmelade und Gelee verarbeiten. Sie ergänzen sich dabei sehr gut mit säurearmen Obstarten wie Apfel oder Birne. Die süßen Aufstriche bekommen eine wunderbare rosarote Farbe. Sie können daraus auch Saft herstellen, der aufgrund der Fruchtsäure sehr erfrischend ist. In der Türkei ist er als »Scherbet« sehr beliebt.

Außerdem eignen sich die feinen Früchte sehr gut zur Likörherstellung, für einen Essigauszug oder für ein würziges Chutney. Nutzen Sie die Informationen der Basisrezepte (Seite 14). Sie können die Früchte aber auch entkernen und trocknen. Die trockenen Früchte können Sie unter Müsli und Studentenfutter mischen oder Sie bereiten daraus einen leckeren Früchtetee.

Im 18. und 19. Jahrhundert waren die Kochbücher gefüllt mit Kornelkirschen-Rezepten. Unter anderem findet man sehr oft das Rezept für »Deutsche Oliven«. Dazu werden die noch etwas unreifen hellroten Früchte wie Oliven in Salzwasser eingelegt. So entwickeln sie ein olivenähnliches Aroma und sehen durch ihre Form den echten Oliven täuschend ähnlich. In Österreich haben die Kornellen, die dort Dirndl heißen, eine lange Tradition als Obstbrand.

Die im länglichen Kern eingeschlossenen zwei Samen röstete man früher als Kaffeeersatz und mischte sie unter den Bohnenkaffee. In Wien war dies bis ins 20. Jahrhundert üblich, da die Kerne dem Kaffee eine verblüffend vanillige Note verleihen.

Gesundheits-Check – was ist drin?

Die glänzend roten Früchte der Kornelkirsche enthalten doppelt so viel Vitamin C wie Zitronen. Sie zeichnen sich auch durch einen hohen Kalziumgehalt aus. Der Knochenbaustein Kalzium ist auch für die das Funktionieren der Nerven und Muskeln erforderlich. Außerdem enthalten sie mehr als doppelt so viele Polyphenole wie Boskoop-Äpfel und besitzen deshalb hervorragende antioxidative und entzündungshemmende Eigenschaften. Neue wissenschaftliche Untersuchungen bescheinigen der Kornelkirsche ein großes Heilpotenzial: Die in den Früchten vorhandenen bioaktiven Stoffe (Flavonoide, Iridoide, Anthocyane) haben eine starke antioxidative und antikarzinogene Wirkung. Außerdem senken sie den Cholesterinspiegel und wirken präventiv gegen Arteriosklerose, Herz-Kreislauf-Erkrankungen und Diabetes.

In der Volksmedizin nutzte man die getrockneten Früchte bei Durchfall und Darminfektionen. Außerdem galten sie als hilfreich bei Fieber.

Sicherheits-Check – Verwechslungen ausschließen

Beim Blütensammeln ist eine Verwechslung kaum möglich. Denn keine andere heimische Pflanze besitzt eine solch auffällige goldgelbe Blütenpracht, die schon im Februar lange vor dem Blattaustrieb erscheint. Jeweils 15–20 kleine Blüten vereinigen sich zu kugeligen Trugdolden.

Keine andere heimische Wildpflanze hat ähnliche Früchte wie die Kornelkirsche. Die glänzend roten Steinfrüchte sind länglich eiförmig und mit 2 cm Länge ziemlich groß. Sehr ähnliche Blätter besitzt der nah verwandte Rote Hartriegel *(Cornus sanguinea)*: bogenförmig zur Blattspitze verlaufende Blattadern. Aber der Rote Hartriegel blüht weiß und hat ungenießbare kleine schwarze Früchte.

»Deutsche Oliven«

Für ca. 5 Gläser (300 ml), 20 Min. (ohne Wässern und Ziehzeiten)

- 800 g unreife Kornelkirschen (hellrot)
- 700 ml Wasser
- 200 g Salz
- 3 Lorbeerblätter
- 3 Rosmarinzweige

Ölmarinade:

- ca. 700 ml Olivenöl
- 3 Knoblauchzehen
- Oregano
- Thymian

Wasser mit Salz und Gewürzen aufkochen und 15 Minuten ziehen lassen.

Kornelkirschen in Schraubgläser füllen. Gewürze aus dem Salzwasser nehmen und Wasser noch warm über die Kornellen gießen, bis das Glas gefüllt ist. Verschließen und 3–4 Wochen durchziehen lassen.

Kornelkirschen abgießen und ½ Stunde in klarem Wasser wässern. Abtropfen und trocknen lassen.

Mit Marinadegewürzen in Gläser füllen und mit Olivenöl übergießen. 2 Wochen durchziehen lassen und wie Oliven genießen.

Kornelkirschen-Konfitüre

Für ca. 6–8 Gläser (200 ml), 30 Min.

- 1 kg Kornelkirschen (vollreif)
- 300 ml Apfelsaft
- 1 Vanilleschote
- Saft einer halben Zitrone
- ca. 500 g Gelierzucker 2:1

Kornelkirschen in Apfelsaft in ca. 5–10 Minuten weichkochen.

Durch ein Sieb passieren und das Mus weiterverarbeiten.

Fruchtmus abwiegen und mit der halben Menge Gelierzucker vermischen. Das Mark der Vanilleschote ausschaben und mit dem Zitronensaft dazugeben. Zum Kochen bringen und 4 Minuten köcheln lassen.

Heiß in Schraubgläser füllen und gut verschließen. Gläser für einige Minuten auf den Kopf stellen, dann wenden.

»Deutsche Oliven«

Der Baum der Liebesgöttin

Linde

Winterlinde
Tilia cordata
(Malven-/Lindengewächse)

Fund- und Sammelorte: Laubmischwälder, häufig gepflanzt: Städte, Dörfer, Parks, Straßen, Alleen

Wuchshöhe: 10–30 m

Verwendete Pflanzenteile: Blätter, Blüten

Geschmack: Blätter mild und zart säuerlich, Blüten süßlich

Verwechslung: Sommerlinde (essbar), Silberlinde (essbar)

Lindenbäume können über 1000 Jahre alt werden. Kein Wunder, dass sie unseren Vorfahren als heilig galten. In allen alten Kulturen wurde die Linde mit einer Liebesgöttin in Verbindung gebracht. Im alten Griechenland war es Aphrodite, bei den Slawen Libussa und bei den Germanen Freya. Mit der Christianisierung wandelten sich die verehrten Linden vorchristlicher Göttinnen zu Marienlinden und in ihrem Schatten wurde eine Marienkapelle erbaut. Die Linde blieb weiterhin das Symbol für Liebe und Glück. Kein anderer Baum wurde so sehr mit Liebeslyrik und Liebesliedern bedacht. Sie war der wichtigste Baum der dörflichen Gemeinschaften. Man feierte darunter Feste und Hochzeiten. Die Bedeutung der Linde als Dorfbaum und Treffpunkt spiegelt sich in der Häufigkeit des alten Gasthausnamens »Zur Linde«, den man in Deutschland mehr als tausendmal antrifft. In vielen Gegenden wurde unter ihrem Blätterdach auch Gericht gehalten und so manches Todesurteil mit dem Strick direkt am Baum vollstreckt. Die Menschen der Jungsteinzeit nutzten die Bastfasern unter der äußeren Rinde, um daraus Kleidung, Schnüre und Netze zu fertigen. Die 5000 Jahre alte Gletschermumie »Ötzi« trug Schuhwerk aus Lindenbast. Lindenbast war auch in der mittelalterlichen Medizin sehr gefragt. Der äußerst schleimige Absud aus den Fasern war hilfreich bei Brandwunden und Geschwüren. Auch als Schutzzauber war der Bast hilfreich: Trug man ihn als Amulett bei sich, konnte man sich sogar vor Angriffen des Teufels sicher fühlen.

Mild und süß

Von April bis Mai können Sie die jungen zarten Lindenblätter ernten. Ab Juni werden sie immer herber und zäher. Die jungen Blätter sind jedoch ein äußerst milder Genuss. Sie entfalten eine zarte Säure, haben aber auch gleichzeitig etwas Süßliches. Nutzen Sie die herzförmigen Blätter für Salate, Suppen, grüne Smoothies oder spinatartige Zubereitungen, oder streuen Sie sie einfach feingeschnitten aufs Butter- oder Käsebrot. Beim Kochen zeigt sich der Schleimgehalt der Blätter, so dass sie durchaus etwas eindickend wirken können. Die größeren Som-

Die Winterlinde trägt an einem Flugblatt meist 5–7 Blüten.

Die zarten Lindenblätter sind sehr proteinreich und schmecken angenehm mild.

merlindenblätter können Sie ähnlich wie Weinblätter mit Reis füllen, siehe Rezept Ahorn-Dolmades (Seite 36).

Im Juni öffnen sich die an Tragblättern hängenden Blüten und verströmen ihren lieblichen Duft. Ernten Sie möglichst kurz vor Mittag, wenn das Aroma am intensivsten ist. Da Lindenbäume sehr groß werden können, ist bei der Ernte eine Leiter sehr hilfreich.

Getrocknet ergeben Lindenblüten einen wohlschmeckenden Tee, der auch gerne bei Erkältungskrankheiten eingesetzt wird. Sie sind aber noch vielseitiger einsetzbar: Aromatisieren Sie durch Einlegen damit Limonaden, Likör, Milch, Sahne, Zucker oder Essig. Lassen Sie sich dabei von den Basisrezepten (Seite 14) inspirieren. Sie können die Blüten auch wie Holunderblüten in Teig ausbacken oder in geschmolzene Schokolade tauchen und im Kühlschrank fest werden lassen. Besonders fein sind daraus hergestellte Sirupe und Gelees. Oder mischen Sie die süßlich duftenden Blüten in Fruchtsalate und Süßspeisen. Beim Tee nutzt man auch das Flugblatt, an dem die Blüten hängen; für ein Dessert zupft man besser die kleinen Blütchen ab.

Im kleinen braunen Samen, der zunächst aus der kugeligen Kapsel befreit werden muss, befindet sich ein sehr mild schmeckendes gelbliches Öl. Der Ölgehalt der Samen beträgt etwa 25 %. Das Öl könnte theoretisch als Speiseöl genutzt werden, aber der Aufwand steht in keiner Relation zum

Ertrag. Sie können den Samen aber anrösten und über Salat oder Müsli streuen.

Gesundheits-Check – was ist drin?

Die Blätter der Linde sind sehr proteinreich und übertreffen dabei sogar die Brennnessel. Außerdem enthalten sie außergewöhnlich viel Kalium und Kalzium. Diese beiden Mineralien sind sehr wichtig für unsere Muskeln und unser Herz.

Gut ausgestattet sind die Blätter zudem mit sekundären Pflanzenstoffen (Phenolsäuren, Flavone), weshalb sie antioxidativ wirken. Sie gelten somit als gute Radikalenfänger. Aufgrund der ebenfalls enthaltenen Pflanzenschleime wirken sie, als Tee aufgebrüht, beruhigend auf gereizte Schleimhäute.

Die Blüten enthalten ebenfalls sehr viele sekundäre Pflanzenstoffe. Ihre Heilwirkung ist wissenschaftlich bestätigt. Lindenblütentee wirkt nachweislich schweißtreibend und reizlindernd. Deshalb trinkt man ihn bei Erkältungskrankheiten und bei trockenem Reizhusten. Außerdem aktiviert er die körpereigenen Abwehrkräfte. In der Gemmotherapie schätzt man die beruhigend wirkenden Knospen bei Kindern mit Einschlaf- und Durchschlafproblemen.

Sicherheits-Check – Verwechslungen ausschließen

Eine Verwechslung der Winterlinde ist nur mit ebenfalls nutzbaren Linden möglich. Dazu gehören vor allem Sommerlinde *(Tilia platyphyllos)* und Silberlinde *(Tilia tomentosa)*. Alle Linden sind ungiftig und essbar, jedoch werden aus arzneilicher Sicht nur die beiden Arten Sommer- und Winterlinde empfohlen.

Die Sommerlinde hat viel größere Blätter (10–15 cm) als die Winterlinde (5–7 cm). Sommerlindenblätter sind, genau betrachtet, komplett feinflaumig behaart (auch am Blattstiel), während bei der Winterlinde nur auf der Blattunterseite an den Blattadern Härchen zu sehen sind. Der Blütenstand der Sommerlinde ist meist nur mit drei Blüten besetzt, während die Winterlinde 5–12 Blüten an einem »Flügel« trägt. Die reifen Früchte mit dem kleinen Samen sind bei der Sommerlinde etwas birnenförmig und steinhart. Jene der Winterlinde sind kugelig und zwischen den Fingern zerdrückbar.

Die Silberlinde ist auf der Blattunterseite und am Blattstiel dicht weißfilzig behaart, was den Blättern den namensgebenden silbrigen Glanz verleiht.

Linden-Grießauflauf

Für 4 Portionen, 55 Min.

- 5 Handvoll Lindenblüten (ohne Tragblatt)
- 1 l Milch
- 70 g Honig
- 70 g Butter
- 200 g Weizen- oder Dinkelgrieß
- 4 Eier (getrennt)
- abgeriebene Schale einer unbehandelten Zitrone
- 50 g Rosinen
- 200 ml Sahne
- 2 Msp. Vanillepulver
- 1 EL Kokosblütenzucker

3 Handvoll Lindenblüten in Milch legen, 2 Handvoll in Sahne, über Nacht in den Kühlschrank stellen.

Milch mit Blüten, Honig, Butter und Grieß aufkochen und 10 Minuten ausquellen lassen. Eigelb schaumig rühren, mit Zitrone und Rosinen unter den abgekühlten Grieß rühren. Steif geschlagenes Eiweiß unterheben. In gefettete Auflaufform geben, bei 175 °C 40–45 Minuten backen.

Lindenblütensahne: Blüten abfiltern, Sahne mit Vanille und Zucker steifschlagen. Zum Auflauf servieren.

Baum-Spinat

Für 4 Portionen, 15–20 Min.

- 1 große Zwiebel
- 2 EL Olivenöl
- 1 Knoblauchzehe (gepresst)
- 700 g junge Lindenblätter
- 150 ml Sahne (alternativ: fertige Tomatensauce)
- 1 EL Sojasauce
- 150 g Feta
- 50 g Sonnenblumenkerne (geröstet)
- Salz und Pfeffer

Zwiebel würfeln und in Öl andünsten.

Lindenblätter mit Wasser abbrausen und nass dazugeben. Bei geschlossenem Deckel zusammenfallen lassen. Dann mit Sahne oder Tomatensauce angießen und 5 Minuten dünsten lassen. Mit Sojasauce, Knoblauch, Salz und Pfeffer würzen.

Sonnenblumenkerne in trockener Pfanne rösten. Feta klein würfeln. Alles unter den Baum-Spinat heben.

Füllen Sie damit vier große Pfannkuchen oder servieren Sie den Baum-Spinat zu Reis.

Baum-Spinat

Die Zitrone des Nordens

Sanddorn

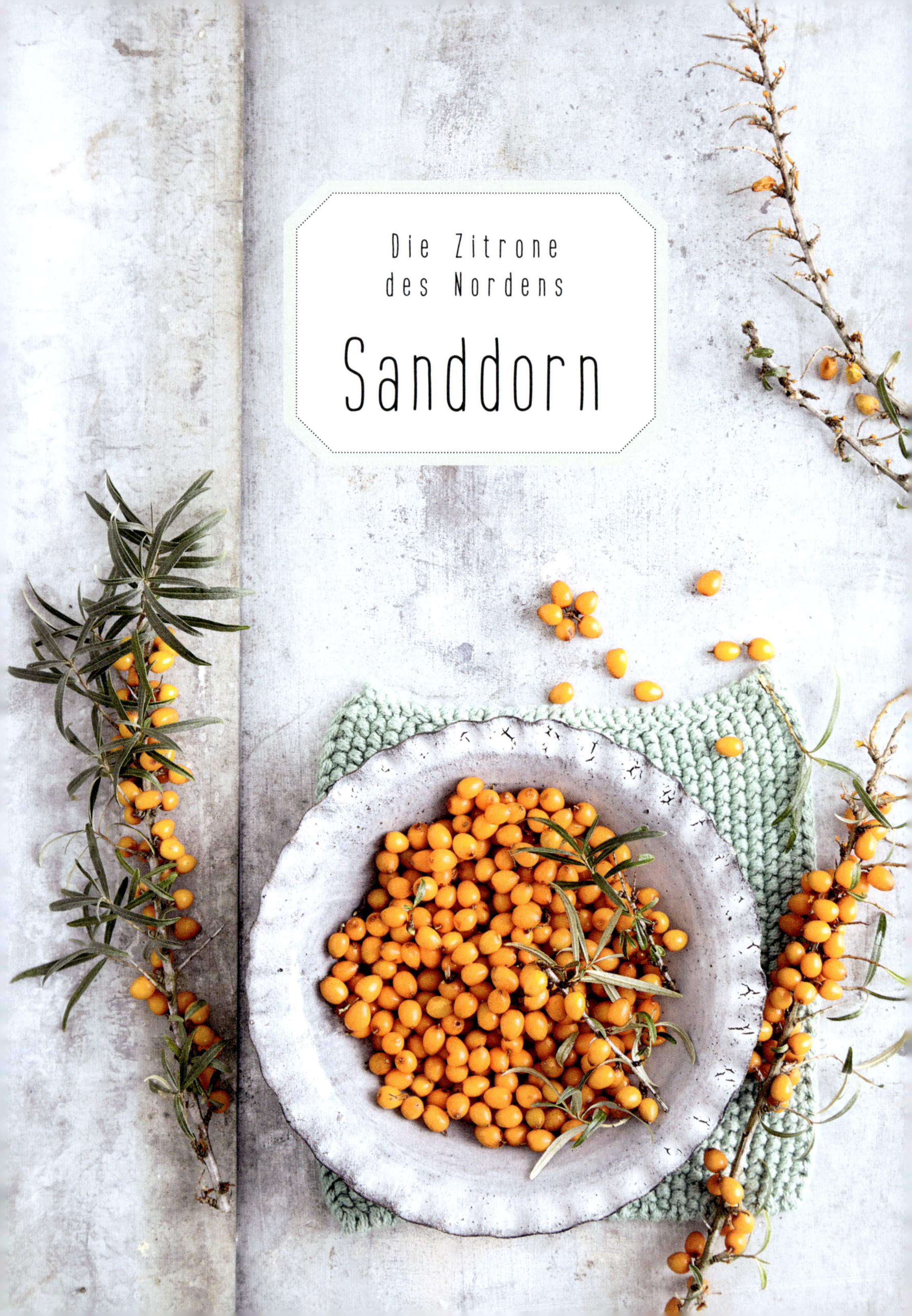

Gewöhnlicher Sanddorn
Hippophae rhamnoides
(Ölweidengewächse)

Fund- und Sammelorte: Dünen der Meeresküsten (Nord- und Ostsee), Flussufer, Böschungen, Hecken, Gärten

Wuchshöhe: 2–6 m

Verwendete Pflanzenteile: Früchte

Geschmack: Früchte sehr sauer

Verwechslung: eventuell Mittelmeer-Feuerdorn (leicht giftig)

Früher wurde der Sanddorn wegen seiner vitaminreichen, sauren Früchte auch »Zitrone des Nordens« genannt. Das Hauptverbreitungsgebiet in Deutschland liegt tatsächlich in den Küstenregionen der Ost- und Nordsee. Populär als Vitaminbombe wurde der dornige Strauch in der ehemaligen DDR, wo Südfrüchte wegen fehlender Devisen Mangelware waren. Deshalb bemühte man sich im Osten Deutschlands sehr um den Sanddornanbau und die Züchtung ertragreicher Sorten.

Aber auch im alten Griechenland war der Sanddorn bekannt. Man fütterte damals den Pferden Sanddornblätter, da man glaubte, sie bekämen davon ein besonders schönes, glänzendes Fell. Davon leitet sich auch der botanische Name *Hippophae* ab. Griechisch *hippos* bedeutet »Pferd« und phaes »leuchtend«. In den französischen Pyrenäen, wo der Sanddorn ebenfalls heimisch ist, fütterte man die Schafe mit Sanddornblättern, um ihrem Fell einen besonderen Glanz zu verleihen. Tatsächlich sind die Blätter sehr eiweißreich und enthalten eine große Menge Carotinoide. Auch medizinisch sind sie wirksam: Antibakterielle und immunsystemstärkende Effekte konnten nachgewiesen werden.

Beim Sanddorn kommen männliche und weibliche Blüten nicht am selben Strauch vor. Es gibt also Sanddorn-Männer und Sanddorn-Frauen. Durch Windbestäubung werden die Weibchen befruchtet. Die leckeren Beeren gibt es nur bei den Weibchen. Wenn Sie sich Sanddorn in den Garten holen wollen, dann müssen Sie daran denken, dass Sie beide Geschlechter brauchen, sonst wird es vermutlich keine Ernte geben.

Saftiger orangefarbener Vitamin-Kick

Die kräftig orangefarbenen Sanddornfrüchte reifen von September bis Oktober. Die Ernte ist schwierig, weil die dünnschaligen und weichen Früchte beim Pflücken gerne aufplatzen, vor allem wenn sie überreif sind. Deshalb müssen sie gleich nach der Ernte verarbeitet werden oder Sie frieren sie zur Konservierung ein. Achten Sie beim Ernten auch auf die unangenehmen Dornen. Professionelle Pflücker schneiden die

Die schmalen lanzettlichen Blätter schimmern durch ihre Behaarung graugrün.

Die orangefarbenen Früchte platzen beim Ernten sehr leicht auf.

fruchttragenden Zweige ab und frosten sie als Ganzes. Dann können die gefrorenen Beeren einfach abgeschüttelt werden.

Die Früchte sind roh essbar, aber sie sind sehr sauer. Ihre feinen Aromen entfalten sie erst durch Süßen oder durch die Kombination mit süßeren Früchten. Äpfel, Birnen und Orangen ergänzen das Sanddornaroma vorzüglich. Meist wird aus den Beeren Saft oder Mus hergestellt und dann zu Marmelade oder Gelee weiterverarbeitet. Saft und Mus eignen sich gut zum Aromatisieren von Limonaden, Smoothies, Likören, Eis, Gebäck oder von Quark- und Joghurtspeisen. Getrocknete Früchte ergeben einen feinen Früchtetee.

Tipp: Der beim Saftherstellen (Passieren durch ein Sieb) anfallende Trester ist ein wunderbarer Rohstoff für ein pflegendes Hautöl: Übergießen Sie ihn mit Oliven-, Sonnenblumen- oder Mandelöl und lassen Sie es vor dem Abfiltern eine Woche durchziehen. Das Öl wirkt hautpflegend, wundheilend und schmerzlindernd bei Verbrennungen.

Gesundheits-Check – was ist drin?

Der Sanddorn ist eine absolute Top-Wildfrucht: Seine Früchte erreichen im Bereich der Vitamine absolute Rekordwerte. Sie enthalten sehr viel ß-Karotin und Vitamin E, die beide an der Abwehr von Infektionen beteiligt sind. Aus dem Vitamin-B-Komplex sind B_2 und das lebenswichtige B_{12} vertreten. Letzteres ist in Pflanzen selten vorhanden und der Sanddorn hat so viel davon, wie man sonst nur in Fleisch findet. Es wird von einem Mikroorganismus gebildet, der auf der Samenschale in Symbiose mit dem Sanddorn lebt. Ein absoluter Spitzenwert wird auch beim Vitamin C erreicht, und zwar durchschnittlich 460 mg/100 g. Das ist etwa das 9-Fache der Zitrone. Es wurden jedoch, vor allem im Alpenvorland, Werte von über 1000 mg gemessen. Erstaunlich hoch ist auch der Gehalt an Carotinoiden, die antioxidativ und antikarzinogen wirken. Es wurden durchschnittlich 17 mg/100 g gefunden. Zahlreiche Studien belegen, dass die Inhaltsstoffe dieser Power-Beeren vorzügliche Radikalenfänger sind und außerdem positiv auf Blutdruck und Cholesterinspiegel einwirken.

Wenig bekannt ist, dass sowohl das Fruchtfleisch als auch die Kerne sehr heilkräftige Öle enthalten. Bei Obst rechnet man eher nicht mit Öl im Fruchtfleisch. Der Sanddorn hat davon 1–3 %. Diese werden zur Hautpflege, aber auch bei Hauterkrankungen, Strahlenschäden der Haut, Verbrennungen und zur Wundheilung eingesetzt.

Sicherheits-Check – Verwechslungen ausschließen

Der Sanddorn wird häufig in Siedlungen angepflanzt, weshalb er eventuell mit einem Ziergehölz verwechselt werden könnte, das ebenfalls orangefarbene Früchte trägt. Es handelt sich um den Mittelmeer-Feuerdorn *(Pyracantha coccinea)*, der auch Dornen trägt. Die Beeren (eigentlich nur die Samen) sind schwach giftig und können Erbrechen auslösen. Die Blätter des immergrünen Feuerdorns sind oval und nicht schmal und lang wie jene des Sanddorns. Außerdem haben Sanddornblätter eine sehr prägnante graugrüne Farbe und sind unterseits silbrigweiß behaart.

Sanddorn-Saft

Für 2–3 kleine Flaschen (250 ml), 25 Min.

- 1 kg Sanddornbeeren (frisch oder gefrostet)
- 150 ml Wasser
- 100 ml Apfelsaft
- 400 g Zucker (alternativ 300 g Honig oder 250 g Agavendicksaft)

Sanddornbeeren im Topf mit Wasser und Apfelsaft knapp bedecken. Beeren etwas zerquetschen, Zucker zugeben und aufkochen und 5–10 Minuten köcheln lassen.

Durch ein feines Sieb passieren, nochmal kurz erhitzen und heiß in sterile Flaschen füllen. Nach dem Öffnen im Kühlschrank lagern.

Der Saft ist ideal zum Aromatisieren von Quarkspeisen oder Limonaden. Nicht wundern: Da Sanddorn ölhaltig ist, kann sich oben in der Flasche das kostbare Öl absetzen.

TIPP Aus ungesüßtem Sanddornsaft machen Sie ein wunderbares Gelee: Mit 500 ml Sanddornsaft, 350 ml Apfelsaft oder Orangensaft, 500 g Gelierzucker 2:1 sowie 3 MSP Vanillepulver.

Sanddorn-Kürbis-Karotten-Suppe

Für 4 Portionen, 25 Min.

- 1 Stange Lauch
- 1 Zwiebel
- 2 EL Öl
- 400 g Hokkaido-Kürbis
- 200 g Karotten
- 2 Äpfel
- 750 ml Gemüsebrühe
- 200 ml Sanddornsaft (ungesüßt)
- 150 ml Sahne (ersatzweise Kokosmilch)
- Pfeffer, Chili,
- Kürbiskernöl und frische Petersilie

Zwiebel und Lauch kleinschneiden und in Fett anrösten. Klein gewürfelte Karotten, Kürbis und Äpfel dazugeben und andünsten. Mit Gemüsebrühe auffüllen und 15 Minuten köcheln lassen.

Mit dem Pürierstab pürieren. Sanddornsaft und Sahne (Kokosmilch) unterrühren. Nochmals aufkochen und mit Pfeffer und Chili abwürzen.

In Teller geben und mit Kürbiskernöl und Petersilie garnieren.

Sanddorn-Kürbis-Karotten-Suppe

Die Urahnin der Pflaume

Schlehe

Gewöhnliche Schlehe
Prunus spinosa
(Rosengewächse)

Fund- und Sammelorte: Waldränder, Hecken

Wuchshöhe: 1–3 m

Verwendete Pflanzenteile: Früchte, Blüten

Geschmack: Früchte herb-säuerlich, astringierend (zusammenziehend), Blüten duften süßlich (Bittermandelaroma)

Verwechslung: Blaue Heckenkirsche (ungenießbar), Schwarze Heckenkirsche (leicht giftig)

Vor etwa 3000 Jahren wurde in Anatolien aus der Schlehe die Pflaume gezüchtet. Bis dahin waren die kleinen Früchte eine willkommene Sammelnahrung der Steinzeitmenschen gewesen. Die Schlehe ist ein Frühblüher, weshalb sie für unsere Vorfahren eine besondere Bedeutung hatte. Sie galt als Künderin der Frühlingsgöttin, die nun aus der Unterwelt emporstieg, um den Winter zu vertreiben und die Natur zu wecken. Deshalb spielten alle frühblühenden Pflanzen eine besondere Rolle in der magischen Medizin. Wenn man die drei ersten Schlehenblüten entdeckte und verspeiste, dann war man das ganze Jahr gegen Fieber geschützt.
Diesen Brauch findet man auch bei anderen Blüten, die einst der Frühlingsgöttin geweiht waren, zum Beispiel bei Schlüsselblume und Veilchen. Mit der Christianisierung rückte Maria an die Stelle der Göttin, aber die drei magischen Blüten wurden weiterhin gesammelt.

Duftende Blüten und herbe Früchtchen

Schon im März beginnt der dornige Strauch zu blühen. Die Zweige sind dann dicht bedeckt mit unzähligen kleinen weißen Blüten, die süßlich nach Bittermandeln duften. Der Duft kommt von dem Blausäureglykosid Amygdalin, das hauptsächlich im Kern der Früchte sitzt, aber in geringen Mengen auch in den Blüten anzutreffen ist. Nutzen Sie die frischen Blüten deshalb sparsam, vor allem wenn sie nicht erhitzt werden. Durch Erhitzen baut sich das Amygdalin ab.
Sie können mit einer Handvoll Blüten zum Beispiel einen Obstsalat oder einen Likör aromatisieren. Die Blüten werden auch gerne 1–2 Stunden in Milch oder Apfelsaft ausgezogen, um den Duft einzufangen. Die Milch kann dann beispielsweise zu Pudding weiterverarbeitet werden und der Apfelsaft zu Schlehenblüten-Gelee. Getrocknet eignen sich die Blüten mit Mandelaroma als Zutat zu Teemischungen.
Ab Oktober reifen die kugeligen blauschwarzen Früchte. Roh gegessen sind sie so

Schon ab März erscheinen die nach Bittermandeln duftenden Blüten.

Ab Oktober reifen an den dornigen Zweigen die kugeligen herben Früchte.

herb, dass die Zähne »stumpf« werden und die Mundschleimhäute sich zusammenziehen. Die dafür verantwortlichen Gerbstoffe bauen sich ab, je reifer die Frucht wird. Lassen Sie sie also vor der Verarbeitung ruhig noch einige Tage nachreifen, dann werden sie milder und süßer. Das oft empfohlene Durchfrieren hilft nur wenig, denn Gerbstoffe bauen sich durch Frost nicht ab. Das Frosten sorgt allerdings dafür, dass die Zellen platzen und die Aromen bei der Weiterverarbeitung schneller und besser freigesetzt werden.

Trotz herber Note eignen sich die Früchte sehr gut für Saft, Chutney, Mus oder Gelee. Nutzen Sie dabei die Basisrezepte (Seite 14). Eine Kombination mit mildsüßem Obst wie Birnen oder Äpfeln ist geschmacklich sehr harmonisch. Außerdem sind Schlehen nicht besonders saftreich, so dass die Zugabe saftiger Obstarten das Ganze ergiebiger macht. In Alkohol eingelegt ergeben Schlehen einen vorzüglichen Likör. Eine besondere Zubereitungsart sind Schlehen-Oliven, die ähnlich wie Oliven eingelegt werden und an ihrer Stelle serviert werden können. Dazu nehmen Sie möglichst noch feste Schlehen (keine überreifen) und legen diese nach dem Rezept für »Deutsche Oliven« (Seite 108) in eine Salzlösung ein.

Gesundheits-Check – was ist drin?

Schlehenfrüchte enthalten relativ viel Provitamin A (ß-Karotin), ein wichtiges Vitamin für die Sehkraft und für das Immunsystem. Außerdem speichern die blauschwarzen Früchte reichlich Eisen, das für die Blutbildung und den Sauerstofftransport unentbehrlich ist. Der Eisengehalt ist sechsmal höher als bei Pflaumen. Die zahlreich vertretenen Phenolsäuren und Anthocyane zeigen eine starke antioxidative Aktivität, so dass Schlehensaft als Radikalenfänger gelten kann.

Der Tee aus den Blüten gilt in der Volksmedizin als mild abführend sowie harntreibend. Dosieren Sie den Tee mit 2 TL pro Tasse und lassen Sie ihn 10 Minuten ziehen. Die gerbstoffhaltigen Früchte und den daraus gewonnenen Saft nutzt man als Gurgelmittel bei Entzündungen der Schleimhäute im Mund- und Rachenraum. Außerdem gelten Saft und Mus als appetitanregendes Stärkungsmittel sowie als Mittel zur Vorbeugung gegen Erkältungen.

Sicherheits-Check – Verwechslungen ausschließen

Beim Blütensammeln ist eine Verwechslung kaum möglich. Die Schlehe, die zum Blühzeitpunkt noch keine Blätter hat, präsentiert sich schon ab März/April mit einem Blütenmeer. Ein typisches Merkmal sind die langen Dornen an den dunklen, fast schwarzen Zweigen, daher der alte Name Schwarzdorn. Verwechslungen kann es höchsten mit der verwandten Wildpflaume *(Prunus cerasifera)* geben, deren Blüten und Früchte Sie jedoch genauso nutzen können.

Die kugeligen blauen Schlehenfrüchte sind meist mit einer weißen Wachsschicht überzogen (»bereift«). Ebenfalls bereift sind die Früchte der Blauen Heckenkirsche *(Lonicera caerulea)*. Allerdings ist eine Verwechslung sehr unwahrscheinlich, denn die Beeren sind nicht kugelrund, sondern etwas eiförmig. Außerdem sind die jungen Äste der Heckenkirsche rötlich braun, behaart und ohne Dornen. Die Früchte schmecken unangenehm schleimig und sind nicht giftig.

Auch die gering giftigen Früchte der Schwarzen Heckenkirsche *(Lonicera nigra)* sind auf den ersten Blick ähnlich, aber es stehen immer zwei miteinander verwachsene Doppelfrüchte an einem langen Stiel zusammen. Beide Heckenkirschen haben im Gegensatz zur Schlehe glattrandige Blätter. Schlehenblätter sind am Rand fein gesägt.

Schlehen-Likör

Für ca. 6–7 Fläschchen (200 ml), 15–20 Min. (ohne Auszugszeiten)

- 400 g Schlehen (1–2 Tage gefrostet)
- 1 l Pflaumen- oder Zwetschgenschnaps (oder Korn)
- 1 Vanilleschote oder 1 Stange Zimt
- 200 g Zucker
- 200 ml Wasser

Schlehen leicht zerdrücken und einige Kerne mit dem Hammer aufschlagen (Bittermandelaroma!). Mit kleingeschnittener Vanille in ein großes Schraubglas geben, mit Alkohol übergießen und 3–4 Wochen ziehen lassen. Durch ein feines Sieb abfiltern.

Wasser und Zucker 10 Minuten köcheln lassen und abgekühlt unter den Likör mischen. Nochmals 3–4 Wochen lagern, damit ein runder, harmonischer Geschmack heranreift.

In Flaschen abfüllen. Schmeckt auch gut als »Kir Royal« mit Sekt aufgegossen.

TIPP Sie können bei der Zuckerlösung statt Wasser auch Rotwein nehmen. Nur kurz erhitzen und dann vom Herd nehmen.

Schlehen-Chutney

Für ca. 5 Gläser (200–250 ml), 55 Min. (ohne Einweichzeit)

- 125 g Rosinen (eingeweicht)
- 700 g Schlehen (gefrostet)
- 250 g Äpfel
- 150 ml Apfelsaft
- 200 g Schalotten
- 2 EL Olivenöl
- 75 g Honig oder Apfeldicksaft
- 2–3 EL frischer Ingwer (gerieben)
- 2 TL Senfkörner
- 1 Knoblauchzehe (gepresst)
- je 1 TL Salz und Currypulver
- je 3 Prisen Chili, Nelkenpulver, Pfeffer, Zimt
- 50 ml Rotwein
- 150 ml Balsamico-Essig

Rosinen über Nacht in Wasser legen.

Schlehen und kleingeschnittene Äpfel mit Apfelsaft weichkochen, durch Sieb passieren.

Feingeschnittene Schalotten in Öl andünsten. Schlehenmus und restliche Zutaten dazugeben und 30 Min. einköcheln lassen (ohne Deckel!).

Honig oder Dicksaft unterrühren und 10 Minuten kochen. Heiß in Schraubgläser füllen und dicht verschließen.

Schlehen-Chutney

Ein Baum gegen Hexen

Traubenkirsche

Gewöhnliche Traubenkirsche
Prunus padus
(Rosengewächse)

Fund- und Sammelorte: Auwälder, Waldränder, Hecken

Wuchshöhe: 3–12 m

Verwendete Pflanzenteile: Früchte, Blüten

Geschmack: Früchte bitter-süßlich, Blüten duften nach Bittermandel

Verwechslung: Spätblühende Traubenkirsche (essbar), Liguster (giftig)

Im Mittelalter galt die Traubenkirsche als guter Schutzbaum gegen Hexen und Dämonen. Man vermutete, dass die Hexen den intensiven Blütenduft nicht mochten. Was für ein Glück, dass die Traubenkirsche gerade an Walpurgi (30. April) blüht, denn die Nacht auf den 1. Mai ist ja bekanntlich die gefährlichste Hexennacht. So steckte man also in dieser Nacht Traubenkirschzweige an Fenster und Türen und die Unholde mussten draußen bleiben. Wer eine längere Reise antrat, fertigte sich aus dem Holz der Traubenkirsche ein kleines Kreuz und trug es bei sich. Damit konnte man sogar den Teufel fernhalten.

Angeblich eigneten sich die Zweige auch zum Enttarnen der Hexen. Dazu band man sich am Karfreitag einen Zweig unter der Kleidung an den nackten Körper und ging in die Kirche. Und tatsächlich konnte man hinter die täuschende Fassade der Hexen blicken: Sie saßen nämlich in Wirklichkeit verkehrtherum in den Kirchenbänken und streckten dem Pfarrer und dem Allerheiligsten den Hintern entgegen. Das Ganze funktionierte allerdings nur, wenn man den Zweig morgens um 3 Uhr abgeschnitten hatte.

Süße Blüten und kleine schwarze Früchte

Von April bis Mai öffnen sich die hängenden traubenförmigen Blütenstände der Gewöhnlichen Traubenkirsche. Der sehr intensive Duft der weißen Blüten erinnert an Bittermandeln. Nicht jeder mag den Geruch, aber wer ein Fan davon ist, sollte die Blüten unbedingt zum Aromatisieren von Tee, Sirup, Zucker, Gelee oder Likör einsetzen. Sie können den Duft auch durch Einlegen in Apfelsaft oder Milch ausziehen. Oder Sie streuen die Blütchen über süße Quarkspeisen und Obstsalat. Große Mengen sollten Sie davon unerhitzt nicht zu sich nehmen, da die Blüten in geringen Spuren Blausäureglykoside (Amygdalin) enthalten. In Rinde und Samen ist aber wesentlich mehr davon zu finden.

Die kleinen schwarzen Früchte reifen ab Juli (bei der spätblühenden Traubenkerze erst im August). Bei Vögeln sind die Traubenkirschen sehr beliebt und man muss

Die traubenförmigen Blütenstände verströmen einen intensiven Duft.

Die erbsengroßen schwarzen Früchte reifen schon ab Mitte Juli.

aufpassen, dass man nicht zu spät kommt. Für uns Menschen sind die Früchte direkt vom Baum genascht nicht besonders wohlschmeckend und sie enthalten im Vergleich zum Fruchtfleisch einen recht großen Kern. Der etwas herb-bittere Geschmack bessert sich allerdings beim Erhitzen, weshalb Sie aus der Traubenkirsche sehr gut Saft, Sirup, Gelee oder Konfitüre herstellen können. Eine Mischung mit Äpfeln, Birnen oder Pflaumen wertet das fruchtige Aroma der Traubenkirschen auf.

Sehr beliebt sind die saftigen Früchte auch für die Herstellung von Likör, der ein unglaubliches Amaretto-Aroma entwickelt. In diesem Fall werden ausnahmsweise auch einige wenige blausäurehaltige Kerne aufgeschlagen, um dem Likör ein leichtes Bittermandelaroma zu verleihen.

In der Literatur wird häufig angemerkt, dass die Spätblühende Traubenkirsche giftiger sei als unsere heimische Art. In Amerika ist sie aber als »Black Cherry« eine sehr beliebte Wildfrucht. Giftig ist bei beiden Arten eigentlich nur der im harten Kern lagernde Samen. Deshalb werden die Samen nicht verarbeitet, auch wenn solche Rezepte im Umlauf sind.

Gesundheits-Check – was ist drin?

Die Gewöhnliche Traubenkirsche und ihre amerikanische »Schwester« können nicht

mit Vitaminbomben wie Holunder oder Vogelbeere konkurrieren. Die kleinen Kirschen sind jedoch außergewöhnlich kalorienarm und enthalten doppelt so viel Magnesium wie beispielsweise Pflaumen. Das große Plus sind aber die sekundären Pflanzenstoffe, wozu auch Anthocyane und Phenolsäuren gehören. Neuere Studien belegen signifikante antioxidative und blutdrucksenkende Wirkungen. So können die Früchte der Traubenkirsche zur Vorbeugung und zum Schutz gegen Herz-Kreislauf-Erkrankungen dienlich sein.
Sowohl in der nordamerikanischen wie in der europäischen Volksmedizin nimmt man die junge Rinde der Zweige bei Durchfall, Fieber, Hauterkrankungen und zur Versorgung von Wunden. Aktuelle Studien über die Inhaltstoffe der Zweige bestätigen ein hohes antimikrobielles und antidiabetisches Potenzial.

Sicherheits-Check – Verwechslungen ausschließen

Die heimische Gewöhnliche Traubenkirsche wird am ehesten mit der Spätblühenden Traubenkirsche *(Prunus serotina)* verwechselt. Diese nahe Verwandte aus Mittel- und Nordamerika kam im 17. Jahrhundert als Zierpflanze zu uns und hat sich inzwischen invasiv ausgebreitet, so dass sie stellenweise bekämpft wird. Sie ist deutlich an den Blättern zu unterscheiden, die sich ledrig anfüllen und eine glänzende dunkelgrüne Oberfläche besitzen. Die Gewöhnliche Traubenkirsche hat weiche hellgrüne Blätter. Die Blütenstände sind jedoch recht ähnlich, wobei die Spätblühende etwa 2 Wochen später blüht. Beide Traubenkirschen sind essbar.
Der Liguster *(Ligustrum vulgare)* besitzt ebenfalls traubenförmig angeordnete, glänzend schwarze Früchte. Allerdings reifen diese erst im Herbst (September), während die Traubenkirsche schon im Sommer (Juli/August) ihre erbsengroßen süßlichen Früchte anbietet. Die Ligusterfrüchte sind geschmacklich nichtssagend fad. Beim Genuss von mehr als zehn Beeren kann Übelkeit und Erbrechen auftreten. Die Blätter des Ligusters sind klein und ganzrandig, während beide Traubenkirschen große, länglich zugespitzte Blätter mit fein gesägtem Rand besitzen.

Gelee aus Traubenkirschblüten

Für 4–5 Gläser (200 ml), 20 Min.

- 1 l (Messbecher) Blütenrispen der Traubenkirsche
- 500 ml Apfelsaft oder Cidre
- 300 ml Wasser
- 2 Zitronen
- 500 g Gelierzucker 2:1

Zitronen in dünne Scheiben schneiden.

Messbecher locker mit Blüten füllen. Mit 500 ml Apfelsaft und 300 ml Wasser übergießen und Zitronen zugeben. 3 Stunden ziehen lassen.

In einem Topf bis kurz vor dem Kochen erhitzen. Durch feines Sieb abfiltern.

Mit Gelierzucker mischen und zum Kochen bringen. Nach 3 Minuten heiß in Gläser füllen und verschließen.

TIPP Sie können für das Gelee auch eine Blütenmischung verwenden: Zur gleichen Zeit blühen beispielsweise die Schlehe und die Vogelkirsche. Blüten von Wiesenblumen (z. B. Löwenzahn) können ebenfalls verwendet werden.

Traubenkirschlikör

Für ca. 4 Fläschchen (250 ml), 20 Min. (ohne Ziehzeiten)

- 450 g Traubenkirschen
- 1 Handvoll Traubenkirschkerne (gewaschen)
- 750 ml Wodka oder Korn
- 125 g Vollrohrzucker (alternativ Zucker oder brauner Zucker)
- 80 ml Wasser
- 2 TL Zitronensaft

Traubenkirschen (mit Kern!) und aufgeschlitzte Vanille in ein Gefäß geben und mit Alkohol übergießen. Gewaschene Kerne beifügen. Verschlossen min. 4 Wochen ziehen lassen.

Aus Zucker und Wasser eine Zuckerlösung kochen (10 Minuten). Zum Schluss Zitronensaft zugeben. Falls nötig abschäumen. Abkühlen lassen.

Traubenkirschen und -kerne über ein feines Sieb abfiltern. Zuckerlösung unterrühren. In sterile Flaschen füllen und vor Genuss 4–6 Wochen lagern.

Gelee aus Traubenkirschblüten

Liebling der Vögel

Vogelbeere

Vogelbeere, Eberesche
Sorbus aucuparia
(Rosengewächse)

Fund- und Sammelorte: Laubwälder, Waldränder, Hecken, Wegränder, Parks, Gärten

Wuchshöhe: 3–15 m

Verwendete Pflanzenteile: Früchte, Blüten

Geschmack: Früchte bitter-säuerlich, roh unverträglich, Blüten duften unangenehm fischig, aber auch etwas mandelartig

Verwechslung: Speierling (essbar), Mehlbeere (essbar), Elsbeere (essbar)

Der Name ist Programm: Die Vogelbeere ist der Liebling der Vögel. 63 Vogelarten ernähren sich von den knallig rotorangefarbenen Früchten. Deshalb wurden die Beeren im Mittelalter als Köder zum Singvögelfang verwendet. Da die Bauern kein Großwild jagen durften, standen bei ihnen vor allem gebratene Vögel auf der Speisekarte, und zwar bis ins 19. Jahrhundert.

Weil die Vogelbeere schon sehr früh ihre Blätter austreibt, galt sie bei den Kelten als Symbol des Frühlings und als Baum des Lebens. Sie war der Frühlingsgöttin Brigid geweiht, die auch als Göttin der Fruchtbarkeit verehrt wurde. Deshalb fertigte man aus ihren Zweigen die sogenannte Lebensrute. Damit übertrug man Fruchtbarkeit und Lebenskraft des Baumes auf Mensch und Tier. Dieser Brauch wurde trotz Christianisierung auch im Mittelalter fleißig ausgeübt. Vor allem an Ostern und Pfingsten wurden damit Frauen und Mädchen sowie Kühe und Kälber geschlagen. Man nannte den Klapps mit der Lebensrute »kindeln«, was deutlich macht, worauf man hinauswollte: möglichst viele Kinder! Im Mittelalter nutzte man das Vogelbeerholz zum Schutz- und Abwehrzauber: So trug man daraus gefertigte Amulette gegen den bösen Blick und auch der Stiel des Butterfasses wurde daraus hergestellt, damit die Milch nicht verhext werden konnte.

Mithilfe von Frost genießbar

Die Vogelbeere wird mancherorts auch Eberesche genannt, weil sie sehr ähnliche Blätter trägt wie die Esche. Ab Mai beginnt die Vogelbeere zu blühen, wobei über 200 cremeweiße Einzelblüten in einer schirmartigen Rispe zusammenstehen.

Der Duft der Blüten wird unterschiedlich wahrgenommen: Viele bewerten ihn als unangenehm, dann sollten die Blüten nicht für die Küche gesammelt werden. Wird er positiv bewertet, dann können Sie mit den Blüten Säfte oder Milch aromatisieren, indem Sie sie einige Stunden darin ziehen las-

Die Blüten enthalten den unangenehm duftenden Stoff Trimethylamin, der durch Hitze abgebaut wird.

Die orangefarbenen Früchte sehen aus wie kleine Äpfelchen. Roh schmecken sie nicht besonders gut.

sen. Oder Sie trocknen die Blüten als Zutat für Kräuterteemischungen.

Im August und September reifen die etwa 1 cm großen, rotorangefarbenen Früchte. So appetitlich sie auch aussehen, roh gegessen sind sie ziemlich herb und bitter. Außerdem können sie, in großen Mengen verspeist, sogar Durchfall und Erbrechen auslösen. Vielleicht kommt daher das Gerücht, dass die Vogelbeere giftig sei. Verantwortlich ist dafür die bittere Parasorbinsäure, die sich jedoch durch Frost und Hitze abbaut. Die Parasorbinsäure wird dann in Sorbinsäure umgewandelt und wie von Zauberhand verschwindet der unangenehme Geschmack. Deshalb werden die Vogelbeeren nach der Ernte zunächst eingefroren, und zwar möglichst lange (4–6 Wochen).

Da vor allem in den Kernen viel Parasorbinsäure sitzt, ist es sinnvoll, die Beeren nach dem Kochen zu passieren. Es gibt inzwischen auch Zuchtformen wie die Mährische Vogelbeere, die kaum Parasorbinsäure enthalten und deshalb auch roh gegessen werden können. Diese Sorte besitzt zudem einen höheren Zuckergehalt.

Nach dem Durchfrieren und Erhitzen eignen sich die Vogelbeerenfrüchte sehr gut für Saft, Gelee, Chutney, Likör oder als Zutat zu Gebäck und Süßspeisen. Nutzen Sie dafür die Basisrezepte (Seite 14). Eine Kombination mit mildsüßem Obst wie Birnen, Äpfeln oder Pflaumen ist geschmacklich sehr harmonisch. Da die Früchte nicht besonders saftreich und süß sind, liefern diese Obstarten den nötigen süßen Saft. Die getrockneten Beeren eignen sich für einen Früchtetee.

Gesundheits-Check – was ist drin?

Die Früchte der Vogelbeere enthalten außergewöhnlich viel Provitamin A (ß-Karotin), das für die Augengesundheit und unser Immunsystem unentbehrlich ist. Außerdem sind die kleinen Äpfelchen reich an Vitamin C und Eisen. Im Vergleich zu einem Durchschnittsapfel enthalten sie 5-mal mehr Eisen, 8-mal mehr Vitamin C und 60-mal mehr Provitamin A! Nicht umsonst wird die Vogelbeere wie der Sanddorn »Zitrone des Nordens« genannt, enthält sie doch fast dreimal so viel Vitamin C wie die Zitrone.

Die zahlreich vertretenen Sekundärstoffe (Phenolsäuren, Anthocyane) besitzen nach neueren Studien eine gute antibakterielle Wirksamkeit.

Der Tee aus den Blüten gilt in der Volksmedizin als Hustentee. Die vitaminreichen Früchte unterstützen das Immunsystem bei Erkältungskrankheiten. Der Kräuterpfarrer Künzle (1857–1945) empfahl sie bei Heiserkeit. Außerdem wirken sie harntreibend. In der Gemmotherapie gelten die Knospen als hilfreich bei Venenbeschwerden.

Sicherheits-Check – Verwechslungen ausschließen

Typisch für Vogelbeere sind die gefiederten Blätter, das heißt, ein Blatt setzt sich fischgrätenähnlich aus 9–17 Einzelblättern zusammen. Keiner der Bäume und Sträucher, die ähnliche Beeren besitzen, hat solche Blätter. Die Mehlbeere *(Sorbus aria)*, deren mehlige Früchte ebenfalls nutzbar sind, hat ovale Blätter, und die ebenfalls genießbare Elsbeere *(Sorbus torminalis)* hat ahornähnlich gelappte Blätter. Lediglich der seltene Speierling *(Sorbus domestica)* hat gefiederte Blätter, allerdings birnenförmige, und viel größere Früchte, die ebenso essbar sind.

Die kugeligen leuchtend roten Vogelbeerfrüchte sitzen an charakteristischen Dolden. Sie sehen genau betrachtet wie kleine Äpfelchen aus. In Gärten, Parks und an Straßen findet man manchmal eine Zuchtform der Vogelbeere, die Mährische Vogelbeere (*Sorbus aucuparia* var. *moravica*). Sie hat größere und süßere Früchte, die kaum bitter und deshalb roh genießbar sind. Sie enthält sogar noch etwas mehr Vitamin C. Die Fiederblättchen dieser Art sind am Rand kaum gezähnt.

Vogelbeeren-Möhren-Muffins

Für ca. 12 Muffinförmchen, 50 Min.

- 120 g Haselnüsse
- 200 g Möhren
- 150 g Vogelbeeren (gefrostet)
- 100 g Zucker (alternativ Vollrohrzucker, Kokosblütenzucker, Birkenzucker)
- 2 Eier
- 100 g weiche Butter
- 100 g Dinkelvollkornmehl
- 2 TL Backpulver
- ½ TL Vanillepulver
- 75 g Zartbitter-Kuvertüre

Nüsse im Backofen 10 Minuten bei 120 °C rösten und abkühlen lassen. Im Mixer mittelfein zerkleinern. Möhren fein reiben.

Eier, Zucker und Butter schaumig rühren. Mehl, Backpulver, Vanille und Nüsse unterrühren. Zum Schluss Möhren und Vogelbeeren unterheben.

Förmchen befüllen und im vorgeheizten Backofen bei 175 °C ca. 25 Minuten backen.

Zartbitter-Kuvertüre im Wasserbad schmelzen. Die ausgekühlten Muffins damit bepinseln.

Vogelbeer-Apfel-Gelee

Für ca. 6–7 kleine Gläser (200 ml), 25–30 Min.

- 500 g Vogelbeeren (4–8 Wochen gefrostet)
- 500 g Äpfel (alternativ Birnen)
- 350 ml Apfelsaft
- 2 EL Zitronensaft
- 1 Vanilleschote
- ca. 500–600 g Gelierzucker 2:1

Vogelbeeren, kleingeschnittene Äpfel und aufgeschnittene Vanilleschote mit Apfelsaft bedecken und bei kleiner Hitze in 10–15 Minuten weichkochen.

Mischung durch ein feines Sieb passieren. Den flüssigen Fruchtbrei wiegen und mit der halben Menge Gelierzucker mischen. Zitronensaft zugeben.

Aufkochen und nach 4 Minuten heiß in die vorbereiteten Schraubgläser abfüllen. Das angenehm herbe Gelee passt vorzüglich zu aromatischem Käse, zu gebackenem Camembert, aber auch zu Wild.

Vogelbeeren-Möhren-Muffins

Die Urahnin der beliebten Süßkirsche

Vogelkirsche

Vogelkirsche
Prunus avium
(Rosengewächse)

Fund- und Sammelorte: Laubwälder, Auwälder, Waldränder, Gebüsche

Wuchshöhe: 6–20 m

Verwendete Pflanzenteile: Früchte, Blüten

Geschmack: Früchte angenehm fruchtig und süß-säuerlich, Blüten duften mandel- oder marzipanartig

Verwechslung: Sauerkirsche (essbar), Felsenkirsche (essbar)

Die Vogelkirsche wurde schon in der Stein- und Bronzezeit fleißig geerntet. Das belegen zahlreiche Kirschkernfunde bei Pfahlbauten. Unsere Vorfahren kannten jedoch noch keine Süßkirschen, denn diese wurde erst etwa 400 v. Chr. am Schwarzen Meer aus der wilden Vogelkirsche gezüchtet. Von dort brachten die Römer die Süßkirsche zunächst nach Italien und dann nach Germanien und Gallien. Aufgrund ihrer größeren und süßeren Früchte verdrängte sie die Vogelkirsche vom Speiseplan.

Im Mittelalter nutzte man die Zweige von Vogelkirsche und Süßkirsche für Liebesorakel. Am Gedenktag der heiligen Barbara (4. Dezember) schnitten junge Frauen Kirschzweige und stellten sie im Haus in eine Vase. Mit etwas Glück blühten sie genau am Weihnachtstag. An den Zweigen waren Zettel mit den Namen jener jungen Männer befestigt, die für eine Hochzeit infrage kamen. Der Zweig, der am frühsten oder am schönsten blühte, verkündete den künftigen Ehemann.

Nicht nur für Vögel gut

Im April beginnt die Vogelkirsche ihre unglaubliche Blüte: Ein kräftiger Baum bringt fast 1 Million schneeweißer Blüten hervor. Nutzen Sie den feinen mandelartigen Duft zum Aromatisieren von Desserts, Limonaden, Sirup, Likör und Tee. In den Blüten sind geringe Mengen Blausäureglykoside (Amygdalin) vorhanden, die durch Trocknen und Erhitzen deaktiviert werden. Für den Rohgenuss der frischen Blüten gilt: In kleinen Mengen sind sie unbedenklich, größere Mengen können Übelkeit und Erbrechen hervorrufen. In geringen Mengen können auch die Blätter genutzt werden, sie enthalten allerdings mehr Amygdalin, was man schon merkt, wenn man ein junges Blatt zerreibt und daran schnuppert.

Je nach Lage reifen die Früchte von Juni bis Juli. Die kleinen schwarzroten Kirschen werden höchstens 1 cm groß und enthalten definitiv mehr Stein als Fruchtfleisch. Sie schmecken süß-aromatisch mit einem bitter-säuerlichen Nachklang. Je dunkler sie reifen, desto besser wird der Geschmack. Allerdings steigt auch die Gefahr, dass die

Ab April öffnen sich die mandelartig duftenden Blüten. Roh werden sie nur sparsam verwendet.

Die kleinen saftreichen Kirschen müssen möglichst bald nach der Ernte verarbeitet werden.

Vögel schneller sind, denn sie wissen die Wildkirschen ebenfalls sehr zu schätzen. Wildkirschenbäume können bis zu 20 m hoch werden, so dass eine Leiter bei der Ernte von Nutzen ist.

TIPP Das Entsteinen der Vogelkirschen ist ein ziemlich aufwendige und saftige »Sauerei«. Sie können die Steine jedoch wunderbar »upcyceln«, indem Sie sie waschen, trocknen und in eine kleine Kissenhülle aus Baumwolle füllen. Im Backofen erhitzt man dann das in Alufolie gewickelte Wärmekissen 5–10 Minuten bei 120 °C.

Vogelkirschen sind nur 1–2 Tage lagerbar und sollten möglichst schnell verarbeitet werden. Das Einfrieren ist eine gute Möglichkeit, um eine große Ernte später weiterzuverarbeiten. Die kleinen, saftigen Kirschen eignen sich vorzüglich zur Saftherstellung, aber auch für Konfitüre und Gelee. Sie können auch in Kuchen und Gebäck verarbeitet werden. Ganz wunderbar entfalten sie ihre wilden Aromen bei der Likörherstellung, wobei hier einige Kerne aufgeschlagen werden, um das Bittermandelaroma zu aktivieren. Mit den Kirschen können Sie auch sehr gut Weinessig aromatisieren.

Auch das Trocknen der Früchte ist eine Option, aber von dem geringen Fruchtfleischanteil bleibt nicht viel übrig. Das getrocknete Fruchtfleisch nimmt man für Müsli oder Früchtetee. Früher wurden die Vogelkirschen gerne zum Brennen von Kirschwasser genutzt. In der Bauernmedizin nutzte man den Brand sowohl innerlich als auch äußerlich zum Einreiben.

Gesundheits-Check – was ist drin?

Die kleinen Früchte der Vogelkirsche gehören nicht zu den Spitzenreitern, was Vitamine und Mineralien angeht. Sie haben dafür andere Qualitäten: Die kalorien- und fettarmen Früchte besitzen einen sehr niedrigen glykämischen Index (22), was einen positiven Einfluss auf die Blutzucker- und Blutfettwerte hat. Außerdem enthalten sie zahlreiche sekundäre Pflanzenstoffe (z. B. Hydroxyzimtsäurederivate, Anthocyane), die eine beträchtliche antioxidative Kapazität besitzen. Sie wirken zellschützend und entzündungshemmend. Nach neueren Erkenntnissen hat der tägliche Kirschgenuss bei rheumatischen Erkrankungen schmerzlindernde Effekte und wirkt zudem der Entwicklung von Krebszellen entgegen.
In der Volksmedizin gilt Kirschsaft als Stärkungsmittel für Herz und Kreislauf. Außerdem gibt man ihn zur Stärkung des Immunsystems bei Erkältungskrankheiten. Auch die Fruchtstiele der Kirsche haben eine medizinische Wirkung: Der daraus zubereitete Tee ist harntreibend, entzündungshemmend und schleimlösend. Er wird in der Volksmedizin auch bei Durchfall verordnet.

Sicherheits-Check – Verwechslungen ausschließen

Die einzigen Verwechslungsmöglichkeiten sind zwei nahe Verwandte der Vogelkirsche, deren Blüten und Früchte genauso nutzbar sind. Sie entwickeln sich aber eher zu kleineren Bäumen.
Gemeint sind die Sauerkirsche *(Prunus cerasus)* und die Felsenkirsche *(Prunus mahaleb)*. Die Felsenkirschen sind etwas süßer, während die Sauerkirschen deutlich mehr Säure enthalten als die Vogelkirsche. Die Felsenkirsche hat breite rundliche Blätter, während die beiden anderen Arten längliche Blätter besitzen.
Typisch für die Vogelkirsche ist die glatte rotbraune Rinde, die den Baum quergebändert erscheinen lässt. Bei älteren Bäume reißen diese waagrecht verlaufenden Bänder auf und ringeln sich am Rand (Ringelborke). Außerdem haben Vogelkirschen am Blattstiel zwei charakteristische rötliche Nektardrüsen.

Vogelkirsch-Mohn-Kuchen

Für 1 Springform 26 cm, 65 Min.

- 150 g sehr weiche Butter
- 180 g brauner Zucker
- 3 Eier
- 160 g Joghurt cremig
- 250 g Dinkel- oder Weizenmehl (Type 1050)
- 2 TL Backpulver
- 3 Messerspitzen Vanillepulver
- 125 g Mohn (gemahlen)
- abgeriebene Schale einer unbehandelten Zitrone
- 350 g Vogelkirschen (entsteint)

Butter, Zucker, Eier und Joghurt schaumig rühren.

Mehl, Backpulver, Mohn, Vanille und Zitronenschale dazugeben und unterrühren.

Teig in eine gefettete, mit Mehl ausgestäubte Springform füllen und glattstreichen.

Kirschen auf dem Teig verteilen und leicht hineindrücken. Bei 175 °C im vorgeheizten Ofen 50–55 Minuten backen.

TIPP Sie können den Kuchen auch mit Streuseln backen, die Sie aus 75 g Butter, 75 g Zucker und 150 g Mehl kneten und über dem Kuchen zerkrümeln.

Vogelkirschlikör

Für ca. 4–5 Fläschchen (250 ml), 15 Min. (ohne Ziehzeiten)

- 500 g Vogelkirschen
- 150 g Kandiszucker
- 800 ml Korn
- ½ Stange Zimt
- Schale einer unbehandelten Zitrone

Kirschen in ein großes Schraubglas füllen und mit einem Löffel etwas anquetschen. 4–5 Kirschsteine mit dem Hammer aufschlagen und dazugeben, um die Bittermandelaromen freizusetzen.

Zitronenschale dünn abschälen, Zimtstange zerbröseln und mit Kandiszucker und Korn zu den Kirschen geben. Die Zutaten sollten mit Alkohol bedeckt sein. Glas verschließen.

3–4 Wochen an einem schattigen Ort ausziehen lassen und dabei gelegentlich rühren, damit sich der Kandis auflöst.

Durch ein sehr feines Sieb oder Tuch abfiltern und in Flaschen füllen. Das optimale Aroma entwickelt sich erst nach 4 Wochen Flaschenlagerung.

Vogelkirsch-Mohn-Kuchen

Wohnsitz der guten Feen

Weißdorn

Eingriffeliger Weißdorn
Crataegus monogyna
(Rosengewächse)

Fund- und Sammelorte: Waldränder, Hecken, Wegränder, Gebüsche

Wuchshöhe: 2–10 m

Verwendete Pflanzenteile: Früchte, Blätter, Blüten

Geschmack: Früchte mehlig und wenig süß, junge Blätter mandelartig, Blüten duften unangenehm, aber auch etwas mandelartig

Verwechslung: Zweigriffeliger Weißdorn (essbar), Mehlbeere (essbar), Elsbeere (essbar)

Die keltischen Völker glaubten, dass unter dem Weißdorn die Feen wohnen. Deshalb war man in Irland der Meinung, dass es gefährlich sei, am 1. Mai unter einem Weißdorn zu sitzen, denn man laufe Gefahr, ins unterirdische Feenreich entführt zu werden. Der Weißdorn stand sozusagen unter dem Schutz der Naturgeister: Wer einen Weißdorn fällte, wurde von den Feen bestraft, indem er seinen ganzen Besitz verlor. Der dornige Strauch war früher ein wichtiger Bestandteil der Hecken, was alte Namen wie Hagedorn oder Zaundorn belegen. Hecken waren damals außergewöhnlich wichtig, denn sie sorgten als lebendiger Zaun für Schutz, indem sie zum Beispiel Raubtiere fernhielten. Umgeben von dem dichten dornigen Hag fühlten sich Mensch und Tier sicher. Den Dornenstrauch nutzte man auch heilkundlich, und zwar für die magische Krankheitsübertragung. Man glaubte, dass man beim Durchkriechen einer Weißdornhecke an der dornigen Pflanze Krankheiten und Sorgen abstreifen konnte. Auf den Weißdorn wurden beispielsweise gerne Zahnschmerzen und Warzen übertragen. Man bestrich die Warzen mit einer roten Waldschnecke und spießte diese dann auf einen Weißdorn. Sobald die Schnecke starb, waren die Warzen verschwunden.

Mehlig, aber sehr gesund

Im April entfalten sich die jungen Blätter. Wenn sie noch ganz zart sind, schmecken sie sehr mild und eignen sich als Zutat zu Salaten. Ältere Blätter schmecken unangenehm und sind zäh. Für einen medizinisch wirksamen Heiltee sammelt man sie einige Wochen später zusammen mit den Blüten. Ab Mitte Mai beginnt der Weißdorn zu blühen. Der Duft ist intensiv, wird aber von den meisten Menschen eher als unangenehm empfunden. Verantwortlich ist dafür der Stoff Trimethylamin, der fischartig riecht. Wenn Ihnen der Geruch nicht gefällt, dann hat es keinen Sinn, damit Getränke zu aromatisieren. Entscheiden Sie selbst! Der aufdringliche Geruch geht übrigens beim Trocknen weitgehend verloren, weshalb Weißdorntee gut zu trinken ist.

Während der Blütezeit erntet man Blüten und Blätter für einen herzstärkenden Tee.

Der eingriffelige Weißdorn hat tiefer eingeschnittene Blätter und in der Frucht nur einen Kern.

Ab August/September reifen die leuchtend roten Früchte. Die kleinen kugeligen Äpfelchen versprechen optisch wesentlich mehr, als sie letztendlich halten können: roh gegessen schmecken sie nämlich ziemlich fad und mehlig. Außerdem sind sie kaum süß. Wenn man sie aber zusammen mit Äpfeln, Birnen, Pflaumen oder Brombeeren kocht, schmecken sie sehr gut.

Verarbeiten Sie die gesunden Früchte also mit süßem Obst zu Marmelade, Mus, Gelee oder als Zutat zu Gebäcken und Süßspeisen. Nutzen Sie dabei die Informationen der Basisrezepte (Seite 14).

Früher wurden das frische Fruchtmus/Püree gerne mit Mehl gemischt verbacken. Kochen Sie dazu die Früchte in etwas Apfelsaft und passieren Sie das Ganze durch ein Sieb. Das Mus kann nun in einen Muffin- oder Rührkuchenteig eingearbeitet werden. Auch die getrockneten Beeren werden gemahlen und unter das Mehl gemischt. Solche Gebäcke überraschen durch eine interessante Farbe. Außerdem eignen sich die getrockneten Früchte auch als Zutat zu Tee.

Gesundheits-Check – was ist drin?

Die Weißdornfrüchte sind bezüglich ihrer Nährstoffe noch wenig untersucht. Der Vitamin-C-Gehalt liegt mit 20–40 mg/100 g knapp unter dem der Zitrone (50 mg/100 g). Wesentlich mehr Informationen liegen über die zahlreichen sekundären Pflanzenstoffe vor. Aufgrund des hohen Gehaltes an Procyanidinen und Flavonolen wirken die Früchte stark antioxidativ und sind somit gute Radikalenfänger. Auch Blätter und Blüten sind reich gesegnet mit gesundheitsförderlichen Stoffen.

Kein Wunder, dass der Weißdorn in der Phytotherapie eine wichtige Rolle spielt. Seine herzstärkende Wirkung ist wissenschaftlich anerkannt. Weißdorn verbessert die Durchblutung und die Sauerstoffversorgung des Herzens. Die wertvollen Wirkstoffe, die in Blättern, Blüten und Früchten sitzen, stärken und beruhigen vor allem das sogenannte »Altersherz«. Außerdem ist der Weißdorn hilfreich bei Herzrhythmusstörungen und er beugt der Verkalkung der Herzkranzgefäße vor. Sie können aus den Blüten und Blättern einen wunderbaren nebenwirkungsfreien Herztee herstellen, von dem Sie täglich 2-3 Tassen trinken (2 TL pro Tasse). Eine lange Anwendungsdauer (mindestens 6 Wochen) erhöht die Wirksamkeit deutlich.

Sicherheits-Check – Verwechslungen ausschließen

Der Eingriffelige Weißdorn besitzt in seiner weißen Blüte einen Griffel, während der Zweigriffelige Weißdorn *(Crataegus laeviagata)* zwei (selten sogar drei) Griffel hat. Dementsprechend befinden sich in den roten Früchten je nach Art ein Kern beziehungsweise 2–3 Kerne. Die 3–5-lappigen Blätter des Eingriffeligen Weißdorn sind deutlich tiefer eingebuchtet. Aber egal welchen Weißdorn Sie finden, beide sind nutzbar.

Im Frühling wird der Weißdorn manchmal mit der Schlehe verwechselt, die ebenfalls bedornte Zweige hat und weiß blüht. Schlehen blühen jedoch vor dem Blattaustrieb und Weißdorne danach.

Die kugeligen blutroten Apfelfrüchte der Weißdorne sind etwa erbsengroß und mehlig im Geschmack. Ähnliche Früchte haben zwei weitere Rosengewächse. Die Mehlbeere *(Sorbus aria)*, deren mehlige Früchte ebenfalls essbar sind, hat keine eingebuchteten, sondern ovale Blätter. Die ebenfalls nutzbare Elsbeere *(Sorbus torminalis)* hat ahornähnliche spitzgelappte Blätter.

Likör »Herzfreund«

Für ca. 6 kleine Fläschchen (200 ml), 15 Min. (ohne Ziehzeiten)

- 300 g reife Weißdornfrüchte
- 150 g Vollrohrzucker (alternativ Kokosblütenzucker oder Akazienhonig)
- 2 Handvoll frische Melissenblätter
- 1 l Korn oder Rum
- 1 Vanilleschote
- 1 Stange Zimt

Weißdornbeeren über Nacht durchfrieren. Mit zerkleinerter Melisse, Zimt und Vanille in einen verschließbaren Behälter geben. Süßmittel und Korn unterrühren und ca. 3–4 Wochen ziehen lassen.

Abfiltern und abfüllen. 4 Wochen nachreifen lassen.

TIPP Aus den heilkräftigen Blättern und Blüten des Weißdorns können Sie im Frühling einen gesunden Genuss zaubern: Lassen Sie 300 g Blüten und Blätter in 1 l trockenem Weißwein, gemischt mit 100 g Zucker und 150 ml Korn, ausziehen. Servieren Sie den einzigartigen Aperitif kühl.

Weißdorn-Birnen-Creme

Für 4 Portionen, 20 Min.

- 600 g Birnen
- 300 g Weißdornfrüchte
- 50 ml Apfelsaft
- 100 g Akazienhonig
- 250 g Magerquark
- 100 ml Sahne
- 2 Messerspitzen Vanillepulver

Birnen kleinschneiden und mit den Weißdornfrüchten im Apfelsaft in ca. 10 Minuten weichkochen. Fruchtmasse durch ein Sieb passieren und erkalten lassen.

Quark mit dem Honig und der Vanille glattrühren. Sahne steifschlagen und darunterziehen. Fruchtmus unter die Quarkmasse heben und servieren.

TIPP Angelehnt an obiges Rezept können Sie ein leckeres gesundes Apfelmus zubereiten: 800 g Äpfel, 400 g Weißdornfrüchte, 70 ml Apfelsaft und 3 Messerspitzen Zimt weichkochen und durch ein Sieb passieren. Nach Bedarf mit etwas Honig süßen.

Weißdorn-Birnen-Creme

Service

Zum Weiterlesen

Beiser, Rudi, **Wildkräuter,** Trias 2017

Beiser, Rudi, **Unsere essbaren Wildpflanzen,** Kosmos 2018

Beiser, Rudi, **Essbare Wildkräuter und Wildbeeren für unterwegs,** Kosmos 2018

Beiser, Rudi, **Heilpflanzen finden,** Ulmer 2012

Beiser, Rudi, **Vergessene Heilpflanzen,** AT Verlag 2017

Beiser, Rudi, **Baum und Mensch,** Ulmer 2017

Beiser, Rudi, **Tee aus Kräutern und Früchten,** Kosmos 2015

Nentwig, Celia, **Wildpflanzen,** Ulmer 2012

Dreyer, Eva Maria und Wolfgang, **Wildkräuter, Beeren und Pilze,** Kosmos 2005

Dreyer, Eva-Maria, **Wildkräuter und ihre giftigen Doppelgänger,** Kosmos 2007

Fleischhauer Steffen Guido, **Enzyklopädie der essbaren Wildpflanzen,** AT Verlag 2003

Fleischhauer, Steffen Guido, **Essbare Wildpflanzen,** AT Verlag 2007

Greiner, Karin, **Bäume in Küche und Heilkunde,** AT Verlag 2017

Lange-Fricke, Iris, **Detox ganz grün,** Trias Verlag 2015

Schmid, Franziska, **7 Tage grün,** Trias Verlag 2014

Spohn, M., Aichele D., Golte-Bechtle M., Spohn R., **Was blüht denn da?,** Kosmos 2008

Internetseiten

www.gifte.de
www.giftpflanzen.com
www.kaesekessel.de/kraeuter/
www.essbare-wildpflanzen.de
www.floraweb.de
www.baumkunde.de
www.baumbestimmung.info

Rezeptregister

Aufstriche

Basisrezepte

Beilagen

Desserts

Getränke

Hauptgerichte

Salate

Sonstiges

Suppen

Stichwortverzeichnis

LIEBE LESERIN, LIEBER LESER,

hat Ihnen dieses Buch weitergeholfen? Für Anregungen, Kritik, aber auch für Lob sind wir offen. So können wir in Zukunft noch besser auf Ihre Wünsche eingehen. Schreiben Sie uns, denn Ihre Meinung zählt!
Ihr TRIAS Verlag

E-Mail-Leserservice
kundenservice@trias-verlag.de
Lektorat TRIAS Verlag
Postfach 30 05 04 · 70445 Stuttgart
Fax: 0711 8931-748

U

V

W

Z

Hinweis zum Sammelkalender

Der Sammelkalender ist nur ein ungefährer Richtwert, denn die Vegetation ist in den verschiedenen Regionen Mitteleuropas sehr unterschiedlich. Je nachdem, ob sich der Sammelort im Norden oder Süden, im Weinbauklima oder im Gebirge befindet, können beispielsweise bei der Holunderblüte Unterschiede von 4–6 Wochen auftreten.

Sammelkalender

Pflanze	Feb.	März	April	Mai	Juni	Juli	Aug.	Sept.	Okt.	Nov.	Winterpause
Ahorn			Blätter, Triebe	Blätter, Triebe / Blüte							
Berberitze			Blätter, Triebe				Früchte	Früchte			
Brombeere, Echte			Blätter, Triebe	Blätter, Triebe			Früchte	Früchte			
Buche			Blätter, Triebe	Blätter, Triebe				Früchte	Früchte		
Esskastanie				Blätter nur für Heilzwecke				Früchte	Früchte		
Felsenbirne						Früchte	Früchte				
Fichte			Blätter, Triebe	Blätter, Triebe				Früchte	Früchte		
Haselnuss		Blätter, Triebe	Blätter, Triebe					Früchte	Früchte		
Heidelbeere				Blätter nur für Heilzwecke	Blätter nur für Heilzwecke	Früchte	Früchte				
Himbeere			Blätter, Triebe	Blätter, Triebe		Früchte	Früchte				
Holunder				Blüte	Blüte		Früchte	Früchte			
Hundsrose			Blätter, Triebe	Blätter, Triebe / Blüte	Blüte			Früchte	Früchte		
Kornelkirsche	Blüte	Blüte					Früchte	Früchte			
Linde			Blätter, Triebe	Blätter, Triebe	Blüte						
Sanddorn								Früchte	Früchte		
Schlehe		Blüte	Blüte					Früchte	Früchte		
Traubenkirsche			Blüte	Blüte		Früchte	Früchte				
Vogelbeere				Blüte	Blüte		Früchte	Früchte			
Vogelkirsche			Blüte	Blüte	Früchte	Früchte					
Weißdorn			Blätter, Triebe	Blüte	Blüte		Früchte	Früchte			

Blätter, Triebe: ■, Blüte: ■, Früchte: ■, Blätter nur für Heilzwecke: ■

Bibliografische Information der Deutschen Nationalbibliothek
Die Deutsche Nationalbibliothek verzeichnet diese Publikation in der Deutschen Nationalbibliografie; detaillierte bibliografische Daten sind im Internet über http://dnb.d-nb.de abrufbar.

Programmplanung: Katja Widmann
Projektmanagement: Annalena Müller
Redaktion: Julia Jochim
Bildredaktion: Christoph Frick, Nadja Giesbrecht

Umschlaggestaltung und Layout:
CYCLUS Visuelle Kommunikation, Stuttgart

Bildnachweis:
Umschlagfoto, alle Fotos im Innenteil und Styling: Anke Schütz, Buxtehude;
S. 40, links: stock.adobe.com

1. Auflage 2018

Printed in Germany

Satz und Repro: Fotosatz Buck, Kumhausen
Gesetzt in Adobe InDesign CS6
Druck: AZ Druck und Datentechnik GmbH, Kempten

Gedruckt auf chlorfrei gebleichtem Papier

ISBN 978-3-432-10739-4

Auch erhältlich als E-Book:
eISBN (ePub) 978-3-432-10740-0

1 2 3 4 5 6

Wichtiger Hinweis: Wie jede Wissenschaft ist die Medizin ständigen Entwicklungen unterworfen. Forschung und klinische Erfahrung erweitern unsere Erkenntnisse. Ganz besonders gilt das für die Behandlung und die medikamentöse Therapie. Bei allen in diesem Werk erwähnten Dosierungen oder Applikationen, bei Rezepten und Übungsanleitungen, bei Empfehlungen und Tipps dürfen Sie darauf vertrauen: Autoren, Herausgeber und Verlag haben große Sorgfalt darauf verwandt, dass diese Angaben dem Wissensstand bei Fertigstellung des Werkes entsprechen. Rezepte werden gekocht und ausprobiert. Übungen und Übungsreihen haben sich in der Praxis erfolgreich bewährt.

Eine Garantie kann jedoch nicht übernommen werden. Eine Haftung des Autors, des Verlags oder seiner Beauftragten für Personen-, Sach- oder Vermögensschäden ist ausgeschlossen.

Geschützte Warennamen (Warenzeichen®) werden nicht besonders kenntlich gemacht. Aus dem Fehlen eines solchen Hinweises kann also nicht geschlossen werden, dass es sich um einen freien Warennamen handelt.